U0518160

新时代

重庆发展新方略

立足「两点」定位、瞄准「两地」「两高」目标

中共重庆市委宣传部 ◎ 编

李敬 ◎ 主编　李然 ◎ 副主编

重庆出版集团

重庆出版社

图书在版编目(CIP)数据

新时代重庆发展新方略:立足"两点"定位、瞄准"两地""两高"目标/中共重庆市委宣传部编.—重庆:重庆出版社,2019.5

ISBN 978-7-229-14102-8

Ⅰ.①新… Ⅱ.①中… Ⅲ.①区域经济发展—经济发展战略—研究—重庆 Ⅳ.①F127.719

中国版本图书馆CIP数据核字(2019)第062870号

新时代重庆发展新方略
立足"两点"定位、瞄准"两地""两高"目标
XIN SHIDAI CHONGQING FAZHAN XIN FANGLÜE
LIZU "LIANGDIAN" DINGWEI、MIAOZHUN "LIANGDI" "LIANGGAO" MUBIAO
中共重庆市委宣传部 编

责任编辑:康聪斌
责任校对:郑 葱
装帧设计:彭平欣

重庆出版集团
重庆出版社 出版

重庆市南岸区南滨路162号1幢 邮政编码:400061 http://www.cqph.com

重庆出版社艺术设计有限公司制版
重庆三达广告印务装璜有限公司印刷
重庆出版集团图书发行有限公司发行
E-MAIL:fxchu@cqph.com 邮购电话:023-61520646
全国新华书店经销

开本:787mm×1092mm 1/16 印张:16 字数:160千
2019年5月第1版 2019年5月第1次印刷
ISBN 978-7-229-14102-8

定价:42.00元

如有印装质量问题,请向本集团图书发行有限公司调换:023-61520678

前　言

2016 年习近平总书记视察重庆时强调，重庆是西部大开发的重要战略支点，处在"一带一路"和长江经济带的联结点上，要求重庆建设内陆开放高地，成为山清水秀美丽之地。2018 年全国两会期间，习近平总书记在参加重庆代表团审议时又要求重庆在加快建设"两地"的基础上，努力推动高质量发展、创造高品质生活。

立足"两点"，建设"两地"，实现"两高"，定位很准、站位很高，是方向要求、发展要求与目标要求的辩证统一，体现了习近平总书记对重庆工作的系统性要求、精准性指导和针对性谋划，是把总书记的殷殷嘱托和党的十九大精神全面落实在重庆大地上的"定盘星""总依据""大蓝图"。

为此，我们组织编写了《新时代重庆发展新方略——立足"两点"定位、瞄准"两地""两高"目标》。全书共分为四个部分：第一部分重点介绍"两点""两地"和"两高"与重庆发展；第二部分阐述重庆充分发挥"两点"作用；第三部分是重庆大力推进"两地"建设；第四部分是重庆奋力实现"两高"发展。

编　者

2019 年 1 月

目　录

1

"两点""两地"和"两高"与
重庆发展

 **"两点"与重庆的战略地位：全球与全国视
角下的重庆**

2016 年初，习总书记来渝视察指导工作，给重庆作出了"两点"定位，要求重庆抓住"一带一路"建设和长江经济带发展的战略机遇，紧紧围绕如期建成全面小康社会，加快打造西部大开发的重要战略支点、"一带一路"和长江经济带的联结点，在国家区域发展和对外开放中发挥独特而重要的作用。

重庆作为我国中西部地区唯一的直辖市和国家中心城市，位于"一带一路"与长江经济带的联结点上，全国"两横三纵"城镇化战略格局沿长江通道横轴和包昆通道纵轴在此交汇，全国"五横五纵"综合交通网包头至广州南北大通道、沪汉渝蓉东西大通道以及"渝新欧"国际贸易大通道也汇合于此，承东启西、连接南北的区位优势独特。

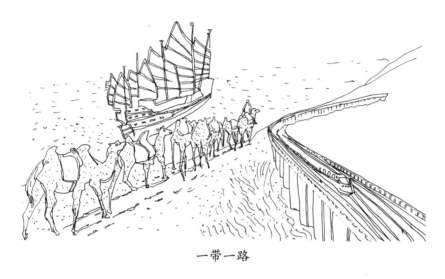

一带一路

从全球的视野来看,重庆向东沿长江经济带出太平洋连接亚太经济圈,向西通过中欧班列(重庆)国际铁路大通道经中亚、俄罗斯进入欧洲经济圈,向南经广西和云南的南向陆海大通道走向印度洋,处在丝绸之路经济带、21世纪海上丝绸之路和长江经济带的"Y"字形联结点上,连接了欧洲、亚太、东盟三大经济圈,在战略地位上具有极端的重要性和不可替代性。特别是近年来,重庆通过打通"渝新欧"国际铁路、南向铁海联运、长江江海联运等三大国际贸易物流大通道,并实现常态化运行,基本构建起东向、西向、南向、北向和航空五大国际物流通道体系,基本形成联结"一带一路"和长江经济带的立体大通道网络,国际性交通枢纽的战略地位不断得到彰显。

从全国的视角来看,重庆作为中西部地区唯一的直辖市,可以通过长江黄金水道与沿海和东部建立起密切联系,因此把重庆建成内陆与沿海、东部与西部的重要联结点，建立对内开放与对外开放有机结合的开放模式，具有极其重要的意义。依托黄金水道推动长江经济带发展，可以挖掘中上游广阔腹地蕴含的巨大内需潜力，促进经济增长空间从沿海向沿江内陆拓展；有利于优化沿江产业结构和城镇化布局，推动我国经济提质增效升级；有利于形成上中下游优势互补、协作互动格局，缩小东中西部地区发展差距；有利于建设陆海双向对外开放新走廊，培育国际经济合作竞争新优势。

 ## "两地"与重庆的战略路径：全面开放新格局与走向生态文明新时代的重庆发展新路径

2016 年习近平总书记在为重庆作出"两点"定位的同时，也要求重庆建设内陆开放高地，成为山清水秀美丽之地。"两地"要求是总书记在全国的大局当中，特别是在西部内陆开发开放的大局、"一带一路"建设的大局和长江经济带发展的大局当中给我们的定位、给我们的目标，蕴含着习近平新时代中国特色社会主义思想整个体系当中两个方面的内容：一个就是要形成全面开放的新格局，一个就是要走向生态文明新时代。

"开放带来进步，封闭必然落后"，这是对我国改革开放历史、新时期基本经验的深刻总结。中国开放的大门不会关闭，只会越开越大。习近平总书记在党的十九大报告中进一步强调，要以"一带一路"建设为重点，坚持引进来和走出去并重，遵循共商共建共享原则，加强创新能力开放合作，形成陆海内外联动、东西双向互济的开放格局。这不仅意味着扩大开放范围、拓宽开放领域、加深开放层次，还意味着创新开放方式、优化开放布局、提升开放质量。如何适应这种开放新形势和新要求，是新时期中西部内陆地区赶超发展亟待破解的重要课题之一。

把重庆建设成为内陆开放高地，其核心要义就是要不断提升重庆在区域经济发展中的集聚辐射能力，全面融入"一带一路"建设和长江经济带发展，推动"南向通道"建设取得更大成效，在西部内陆地区带头开放、带动开放，为全国陆海内外联动、东西双向互济作出更大贡献。具体来说，要通过拓展开放通道，充分发挥长江黄金水道、中欧班列（重庆）、"渝黔桂新"南向铁海联运班列等通道作用，提高通关智能化、便利化水平；提升开放平台，推进两江新区、重庆自贸试验区、中新互联互通项目建

中欧班列（重庆）

设；壮大开放主体，按照高质量要求加强招商引资，培育引进一批优强企业；优化开放环境，打造国际化法治化营商环境，做到宜居、宜业、宜游。

生态文明建设是关系人民福祉、关系民族未来的大计。以习近平总书记为核心的党中央以高度的历史使命感和责任担当，直面生态环境面临的严峻形势，高度重视社会主义生态文明建设，深入贯彻和落实习近平生态文明思想，坚持"人与自然和谐共生"的科学自然观、坚持"绿水青山就是金山银山"的绿色发展观，切实转变生产方式和生活方式，把生态文明建设融入经济建设、政治建设、文化建设、社会建设各方面和全过程，加大生态环境保护力度，推动生态文明建设在重点突破中实现整体推进，为我国努力走向生态文明新时代明确了大的思路。

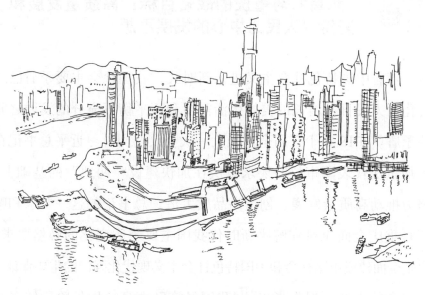

将重庆建设成山清水秀美丽之地

将重庆建设成为山清水秀美丽之地，就是要深入践行习近平总书记"绿水青山就是金山银山"的理念，走深走实产业生态化、生态产业化的路径。认真落实对长江经济带"共抓大保护、不搞大开发"的方针，坚定不移走生态优先、绿色发展新路，把重庆好山好水保护好，把江城山城建设好。要突出"建"，加快建设长江上游重要生态屏障，发展绿色产业，打造绿色家园，实现山水、田园、城镇、乡村各美其美、美美与共；突出"治"，聚焦"水里""山上""天上""地里"，坚决打好污染防治攻坚战；突出"改"，深化生态文明体制改革，构建生态环境保护和治理长效机制；突出"管"，坚持全覆盖、零容忍、严问责，加大生态环境监管力度。

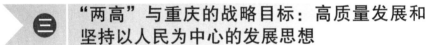

三 "两高"与重庆的战略目标：高质量发展和坚持以人民为中心的发展思想

随着中国特色社会主义进入新时代，我国社会主要矛盾已经转化为人民日益增长的美好生活需要和不平衡不充分的发展之间的矛盾。2018年十三届全国人大一次会议期间，习近平总书记在参加重庆代表团审议时要求重庆在加快建设"两地"的基础上，努力推动高质量发展、创造高品质生活。总书记的这一要求和嘱托是重庆全面应对和解决新时代我国主要矛盾变化的必然要求，也是全面建成小康社会和中国特色社会主义现代化强国的重要保证。

党的十九大报告指出："我国经济已由高速增长阶段转向高

质量发展阶段，正处在转变发展方式、优化经济结构、转换增长动力的攻关期。"这是对我国经济发展阶段变化和现在所处关口作出的一个重大判断，为今后我国经济发展指明方向、提出任务，具有重大现实意义和深远历史意义。高质量发展从本质上来看，是能够更好满足人民日益增长的美好生活需要的发展，是体现创新、协调、绿色、开放、共享发展理念的发展，也应是生产要素投入少、资源配置效率高、资源环境成本低、经济社会效益好的发展。高质量发展不仅是适应经济发展新常态的主动选择，更是适应我国主要社会矛盾变化的题中之义。

对于重庆而言，推动高质量发展，核心要义是全面践行、一体贯彻新发展理念，一手抓供给侧结构改革，一手抓智能化创新。推动互联网、大数据、人工智能同实体经济深度融合，加快形成智能产业、智能制造、智能化应用"三位一体"发展格局。充分运用大数据智能化改造提升传统制造业，促进制造业向数字化、网络化、智能化发展。加强大数据、云计算、人工智能在经济社会各领域的广泛应用和深度融合。

习近平总书记强调："人民对美好生活的向往就是我们的奋斗目标。"党的十九大报告指出，必须坚持以人民为中心的发展思想，不断促进人的全面发展、全体人民共同富裕。高品质生活，就是人民群众经济、政治、文化、社会和生态各方面的美好需要得到更好保障和满足的生活。而创造高品质生活是全面贯彻落实党的十九大精神的必然要求，是遵循和实践以人民为中心的发展思想的题中之义，是正确认识和处理我国社会主要矛盾的具体体现。

对于重庆而言，创造高品质生活，就是坚持深入落实习近平总书记"民生无小事"的情怀和要求，一切以人民为中心，着力解决好人民最关心最直接最现实的利益问题，不断增强人民群众获得感、幸福感、安全感。具体而言，要推进乡村振兴，突出目标导向，坚持把农业农村发展摆在优先位置，强化规划引领，尊重发展规律，深化农村改革，发挥社会合力，走中国特色社会主义乡村振兴道路。要聚焦城市形象提升，加强城市有机更新，不断提高城市经济品质、人文品质、生态品质、生活品质。要着力解决贫困问题，努力实现到 2020 年全面建成小康社会目标，使低收入人群达到"两不愁三保障"，满足人民群众衣食住行等基本需求。要补齐民生短板，认真实施以需求为导向的保障和改善民生行动计划，切实解决人民群众普遍关心的就学难、读书贵，就医难、看病贵，房价高等问题。

四 "两点""两地"和"两高"深刻体现习近平新时代中国特色社会主义思想

党的十八大以来，以习近平同志为核心的党中央带领全党紧密结合新的时代条件和实践要求，以全新的视野深化对共产党执政规律、社会主义建设规律、人类社会发展规律的认识，从理论和实践结合上系统回答了新时代坚持和发展什么样的中国特色社会主义、怎样坚持和发展中国特色社会主义这个重大时代课题，创立了习近平新时代中国特色社会主义思想。党的十九大紧密结合新的时代条件和实践要求，从"八个明确"和"十四条坚持"深刻阐释了习近平新时代中国特色社会主义思想的丰富内涵、精神实质、基本方略，科学回答了新时代坚持和发展中国特色社会主义的总目标、总任务、总体布局、战略布局和发展方向、发展方式、发展动力、战略步骤、外部条件、政治保证等基本问题。

总书记对重庆提出的"两点"定位和"两地""两高"要求不仅"顶天"——深刻体现新时代中国特色社会主义思想，而且"立地"——密切联系重庆经济社会发展实际，形成了一个内涵丰富、结构严谨、思想深邃的理论体系。从内在逻辑关系来看，"两点"是战略定位，既立足重庆又跳出重庆，站在全球与全国的视角看重庆。重庆作为西部地区唯一的直辖市、西部大开发的桥头堡，通江达海、连接亚欧，战略支点作用独具；作为"一带一路"和长江经济带的联结点，承东启西、连接南北，战略辐射作用独特。"两地"是战略路径，与习近平新时代中国特色社会主义思想的内涵要求是贯通的，蕴含着形成全面开放新格局和走向生态文明新时代两方面重要内容；与全国发展大局是贯通的，把重庆在西部大开发中的功能和在"一带一路"、长江经济带中的作用凸显出来；与重庆的地位优势是贯通的，有助于发挥重庆独特的区位优势与潜力。"两高"是战略目标，充分贯通了习近平新时代中国特色社会主义思想中关于高质量发展和坚持以人民为中心的发展思想。"两高"是内在联系的，要通过推动高质量发展为人民群众创造高品质生活，通过创造高品质生活来激发高质量发展的动力活力。

从总体上看，战略定位、战略路径与战略目标相生相成、共融共生。"两点"是制定政策、谋划工作的立足点，明确了从什么地方出发；"两地"是支撑点，明确了选择要走的路；"两高"是落脚点，明确了要到什么地方去。"两点"为"两地""两高"夯基，"两地"为"两点""两高"固本，"两高"为"两点""两地"培元。

2

重庆充分发挥"两点"作用

一 "一带一路"和长江经济带联结点

（一）什么是"一带一路"和长江经济带联结点

1.如何理解"一带一路"和长江经济带联结点的深刻内涵

"壮志西行追古踪，孤烟大漠夕阳中。驼铃古道丝绸路，胡马犹闻唐汉风""但见巨龙呼啸过，丝霞万匹映天红"映出了古丝绸之路的繁荣；"孤帆远影碧空尽，唯见长江天际流""无边落木萧萧下，不尽长江滚滚来"道出了长江在中华民族历史进程中的分量。

"以古为鉴，可知兴替。"近年来，我国先后提出了"一带一路"倡议和长江经济带发展战略。"一带一路"倡议倡导建设命运共同体，我国将与"一带一路"沿线国家追求合作共赢的乘数效应。长江经济带战略实施的重点和目标在于提高长江经济带沿线经济的竞争力、带动力、支撑力、辐射力、回旋力。"一带一路"倡议与长江经济带战略相互衔接、相互补充、相互支撑,形成了横贯东中西、连接南北方、对接国内外、带动全中国的新载体和新引擎;充分体现了我国创新发展、协调发展、开放发展、绿色发展、共享发展的新发展理念。根据"一带一路"、长江经济带的战略取向和重庆的区位优势,重庆发挥"一带一路"和长江经济带的"联结点"的内涵,应当体现在以下五个方面。

驼铃古道丝绸路

第一,重庆建成"一带一路"和长江经济带的联结点是扩大和深化对外开放的联结点。"一带一路"倡议和长江经济带建设都强调进一步扩大和深化对外开放。2012年12月31日,习近平总书记在十八届中共中央政治局第二次集体学习时强调:"改革开放只有进行时没有完成时。"当今世界是一个开放的世界,开放带来进步，封闭导致落后。只有开放才能发现机遇、抓住用好机遇、主动创造机遇，才能实现国家的奋斗目标。正是基于这种认知与愿景，2013年习总书记先后提出共建"丝绸之路经济带"和"21世纪海上丝绸之路"（简称"一带一路"）的重大倡议。"一带一路"倡议就是要把世界的机遇转变为中国的机遇，把中国的机遇转变为世界的机遇。"一带一路"以开放为导向，冀望通过加强交通、能源和网络等基础设施的互联互通建设，促进经济要素有序自由流动、资源高效配置和市场深度融合，开展更大范围、更高水平、更深层次的区域合作，打造开放、包容、均衡、普惠的区域经济合作架构，以此来解决经济增长和平衡问题。这意味着"一带一路"是一个多元开放包容的合作性倡议。开放发展就是在我国沿海、沿江、沿边全面推进对内对外开放，充分推动长江内河联通海洋和我国沿边成为新的对外开放带，这是长江经济带战略的一个主旨。国发〔2014〕39号明确提出，将长江经济带建成沿海沿江沿边全面推进的对内对外开放带，用好海陆双向开放的区位资源，创新开放模式，促进优势互补，培育内陆开放高地，加快同周边国家和地区基础设施互联互通，加强与丝绸之路经济带、海上丝绸之路的衔接互动，使长江经济带成为横贯东中西、连接南北方的开放合作走廊。由中共中央政治局于2016年3月25日审议通过的《长江经济带发展规划纲要》进一步提出要构建东西双向、海陆统筹的对外开放新格局，将长江打造成西部开发开放重要支撑，将成都、武汉、长沙、南昌、合肥等沿江城市打造成内陆开放型经济高地。

第二，重庆建成"一带一路"和长江经济带的联结点是促进各国之间以及我国区域之间均衡发展的联结点。在世界经济缓慢复苏背景下，原有的经济发展不平衡问题并没有明显改善，国别分化反而进一步加剧，发达国家和发展中国家之间发展不平衡的矛盾尤为突出，对世界经济和社会发展的影响十分深刻。同时，国内也面临东中西部发展不均衡问题。将重庆建成"一带一路"和长江经济带的联结点不仅有利于带动"一带一路"沿线国家发展，也有利于实现我国区域之间均衡发展。2016年4月29日，习近平在中共中央政治局第三十一次集体学习时强调："'一带一路'建设不应仅仅着眼于我国自身发展，而是要以我国发展为契机，让更多国家搭上我国发展快车，帮助他们实现发展目标。"以"一带一路"建设为契机，以重庆为联结点连接沿线各国，实现互联互通，提高我国西部地区与沿线国家的贸易和投资合作水平，实质是"通过提高有效供给来催生新的需求，实现世界经济再平衡"。

区域差异大、发展不平衡是我国的基本国情，"不患寡而患不均，不患贫而患不安"是我们民族的传统意识。因此，解决区域均衡发展问题是新时代的重大课题。长江经济带横跨我国地理三大阶梯，不同区域之间的资源、环境、交通、产业基础等发展条件差异较大，地区间发展也面临不平衡不协调的问题。2018年4月，习近平总书记在湖北荆州考察调研时提出"全面协作"的指导思想。他指出，长江经济带不是独立单元，涉及 11 个省份，要树立一盘棋思想，全面协调协作。兵马未动粮草先行，这个粮草就是思想认识。推动长江经济带发展面临的核心问题是省市之间，以及人与自然之间不平衡不充分的发展。如何以新发展理念为指引，以推动高质量发展为导向，充分发挥各地区的比较优势，协同打造中国经济新支撑带，是长江经济带发展中面临的重大战略问题。

因此，将重庆作为联结点，通过建设以重庆为中心的"一带一路"和长江经济带物流枢纽、提升贸易投资规模和便利化水平、通过国内国外的产业分工协作，将有利于解决各国之间以及我国区域之间的不平衡问题。

第三，重庆建成"一带一路"和长江经济带的联结点是要成为"互联互通"的联结点。"一带一路"和长江经济带战略都强调"互联互通"网络的构建。在经国务院授权发布的《推动共建丝绸之路经济带和 21 世纪海上丝绸之路的愿景与行动》（2015 年 3 月 28 日）中明确提出，共建"一带一路"致力于互联互通，建立和加强沿线各国互联互通伙伴关系，构建全方位、多层次、复合型的互联互通网络，实现沿线各国多元、自主、平衡、可持续的发展。国发〔2014〕39 号也提出，依托长江黄金水道，统筹铁路、公路、航空、管道建设，加强各种运输方式的衔接和综合交通枢纽建设，加快多式联运发展，建成安全便捷、绿色低碳的综合立体交通走廊，增强对长江经济带发展的战略支撑力。同时提出，发挥重庆长江经济带西部中心枢纽的作用，不断增强对丝绸之路经济带的战略支撑。

习近平总书记在渝考察时指示："重庆是西部大开发的重要战略支点，处在'一带一路'和长江经济带的联结点上，在国家区域发展和对外开放格局中具有独特而重要的作用。"重庆作为我国中西部地区唯一的直辖市，具有承启东西、牵引南北的独特区位优势，在我国对外开放和区域发展新格局中地位突出。因此，重庆作为"一带一路"和长江经济带的"联结点"，理应接入铁、公、水、空、海等东、西、南、北大通道，成为互联互通立体交通网络的联结点，成为铁水、铁空、铁公、江海联运的综合性枢纽。

第四，重庆建成"一带一路"和长江经济带的联结点是建成区域战略与开放战略协调发展的联结点。"一带一路"倡议是新时期的对外开放战略，长江经济带战略是新时期的重要区域发展战略。"一带一路"战略重在协调新时期的外部环境，长江经济带战略重在协调新时期的内部环境。内部环境和外部环境要互动协调，才能适应新常态下中国经济的发展。国发〔2014〕39号明确提出，将长江经济带建成沿海沿江沿边全面推进的对内对外开放带，用好海陆双向开放的区位资源，创新开放模式，促进优势互补，培育内陆开放高地，加快同周边国家和地区基础设施互联互通，加强与丝绸之路经济带、海上丝绸之路的衔接互动，使长江经济带成为横贯东中西、连接南北方的开放合作走廊。

重庆作为我国西部地区唯一的一个直辖市，又处在"一带一路"和长江经济带的"联结点"，事实上也是国家区域战略与开放战略的重要联结点，需要在开放条件下实现区域协调，在区域协调下进一步促进对外开放，实现区域协调和开放发展的良性互动。

第五，重庆建成"一带一路"和长江经济带的联结点是汇集物流、资金流与信息流的联结点。在现代国际经济体系的框架下，"一带一路"倡议和长江经济带建设的顺利推进，离不开物流、资金流与信息流的增长和汇集。国发〔2014〕39号明确提出，要围绕服务实体经济，优先发展金融保险、节能环保、现代物流、航运服务等生产性服务业。要推进信息化与产业融合发展，支持沿江地区加快新一代信息基础设施建设，完善上海、南京、武汉、重庆、成都等骨干节点，进一步加强网间互联互通，增加中上游地区光缆路由密度。"一带一路"倡议提出，资金融通是"一带一路"建设的重要支撑。要深化金融合作，推进亚洲货币稳定体系、投融资体系和信用体系建设。要扩大沿线国家双边本币互换、结算的范围和规模。推动亚洲债券市场的开放和发展。要深化中国—东盟银行联合体、上合组织银行联合体务实合作，以银团贷款、银行授信等方式开展多边金融合作。支持沿线国家政府和信用等级较高的企业以及金融机构在中国境内发行人民币债券。符合条件的中国境内金融机构和企业可以在境外发行人民币债券和外币债券，鼓励在沿线国家使用所筹资金。"一带一路"倡议提出，要共同推进跨境光缆等通信干线网络建设，提高国际通信互联互通水平，畅通信息丝绸之路，要加快推进双边跨境光缆等建设，规划建设洲际海底光缆项目，完善空中（卫星）信息通道，扩大信息交流与合作。

因此，重庆作为"一带一路"和长江经济带的"联结点"，应按照有形与无形相结合、存量与增量相结合、重庆与国内外相结合的要求，编制金融服务、航空、交通物流、信息通信等重点领域专项规划，全方位集聚人流、物流、资金流和信息流，推动跨区域、大范围、宽领域合作。

2. 如何把握"一带一路"和长江经济带联结点的作用定位

具体来看，建设"一带一路"与长江经济带联结点实质目标是提升高水平开放和促进区域协调发展。因此，重庆建设"一带一路"和长江经济带联结点的作用定位由两方面组成：一是进一步扩大和深化改革开放的成效，主要体现在基础设施互联互通得以实现、国际化法治化便利化营商环境不断提升、进一步扩大开放的红利不断惠及消费者、企业和产品国际竞争力不断加强等方面；二是实现区域协调发展和东西部均衡发展，主要表现为西部地区有效承接东部沿海地区产业转移、区域合作协调机制不断完善、长江经济带绿色发展不断推进、带动区域发展的辐射作用不断增强等方面。

（1）进一步扩大和深化改革开放的成效

一是基础设施互联互通得以实现。基础设施对经济社会发展具有基础性、先导性、全局性作用。从发展经济的角度看，交通、通信等基础设施的完善能帮助当地把各种产品输送到世界各地市场去，促进当地经济发展，促进人员的流通。近年来，许多发展中国家包括东南亚、南亚乃至非洲等"一带一路"沿线国家和地区都深刻认识到这一点，希望大力加强基础设施建设，投放于基础设施建设方面的资金逐年增加。习近平总书记高度重视交通运输在"一带一路"和长江经济带建设中的重要作用，强调要"以交通基础设施为突破，实现亚洲互联互通的早期收获"。2018年4月，习近平总书记在武汉主持召开深入推动长江经济带发展座谈会并发表重要讲话，为构建高质量综合立体交通走廊、更好实施长江经济带发展战略指明了发展方向，提供了根本遵循。在基础设施互联互通建设中，重庆正加快推进"畅通物流大通道"建设，以国家级综合交通枢纽为支撑的物流通道网络初步建立，国家"五横五纵"路网西部地区重要交汇点及"一带一路"和长江经济带在内陆地区的重要联结点逐步形成，内陆地区与东部沿海地区以及长江经济带与欧洲、南亚等地区的物流主通道初具雏形。除了物流的顺畅外，资金流与信息流畅通也是重庆作为联结点重要的考核指标。

二是国际化、法治化、便利化的营商环境不断提升。优化营商环境是建设现代化经济体系、促进高质量发展的重要基础，也是建设服务型政府的内在要求。近年来，习近平总书记多次就营造稳定公平透明、可预期的营商环境做出重要指示，李克强总理多次召开国务院常务会议研究部署营商环境建设工作，着力打造法治化、国际化、便利化的营商环境，加快建设开放型经济新体制，推动我国经济持续健康发展。弘扬"马上就办"和"钉钉子"精神，对标国际最高标准，以简化办事手续、减少办事时间、降低办事成本为着力点，在重点领域和关键环节深化"放管服"改革，全面推进"一趟不用跑"和"最多跑一趟"，让企业和群众办事像"网购"一样方便。投资环境就像空气，空气清新才能吸引更多外资。过去，中国吸引外资主要靠优惠政策，现在我国经济已进入高质量发展阶段，要吸引更多资源促进发展，更多靠改善投资环境。只有不断改善营商环境，各类市场主体才愿意来重庆、才能留得住，重庆也才能发展得好。

三是进一步扩大开放的红利不断惠及消费者。改革开放和高质量发展是为了人民，发展依靠人民，开放发展的成果由人民共享。增进人民福祉是改革开放和高质量发展的出发点和落脚点。在扩大和深入对外开放中，扩大进口不仅有利于满足人民日益增长的美好生活需要，还能有效改善民生、增加人民福祉。这可以从两个层面来理解：一方面，扩大进口是适应消费升级趋势的必然选择。当前，随着人民收入水平的提高，人们对高品质商品和服务日趋强烈的需求和国内低端供给相对过剩、中高端供给相对不足的结构性矛盾交织在一起。在这种情况下，构建更高水平的开放体系可以更有效、更直接地增加相关供给，从而更好满足人民日益增长的美好生活需要。另一方面，进口更多丰富而又物美价廉的商品，会给消费者带来购买更便利、价格更实惠、种类更丰富的体验，为千家万户的日常生活增添更多实惠和惊喜。对于寻常百姓来说，不出国就能以合适的价格买到来自世界各地的优质商品，会让人们更有幸福感、获得感，这也是更好增加人民福祉、体现以人民为中心发展思想的一个重要举措。

四是企业和产品的国际竞争力不断提高。习近平总书记在主持中央政治局第三次集体学习时提出，要着力发展开放型经济，提高现代化经济体系的国际竞争力。这是党中央适应经济全球化新趋势、把握国内改革发展新要求作出的重大战略部署。开放是国家繁荣发展的必由之路。在 2018 年 6 月份召开的深入推动长江经济带发展座谈会上，习总书记进一步强调"长江经济带是'一带一路'在国内的主要交汇地带，应该统筹沿海、沿江、沿边和内陆开放，实现同'一带一路'建设有机融合，培育国际经济合作竞争新优势"。过去 30 多年，我国牢牢抓住经济全球化的战略机遇，对外开放取得举世瞩目的成就。中国作为一个发展中大国参与全球分工，发挥比较优势、积极扩大开放，是迅速融入全球价值链的重要选择。通过进一步扩大开放，一方面吸引国外高级要素来华来渝就业创业，另一方面通过进口更好更先进的设备、服务、零部件，不仅可以弥补短缺，还可以提升我们产品和服务的附加价值，促进全要素生产率提升，从而增强我国企业和产品的竞争力。同时，扩大开放还有利于增强市场竞争、促进企业提升竞争力。通过"引进来"，既能倒逼我国产业结构转型升级，还将加大国内市场竞争程度，迫使更多企业增强竞争力，进而打破对一些产业的过度保护，改善我国营商环境，建立公平开放、竞争有序的市场秩序，激发市场活力，更好完善社会主义市场经济体制。通过"走出去"，利用国外人才、资本和技术等资源，有利于增强我国企业竞争力。

（2）促进区域协调发展和东西部均衡发展

一是西部地区有效承接东部沿海地区产业转移的成效愈发明显。产业转移是优化生产力空间布局、形成合理产业分工体系的有效途径，是推进产业结构调整、加快经济发展方式转变的必然要求。当前，国际国内产业分工深刻调整，我国东部沿海地区产业向中西部地区转移步伐加快。中西部地区发挥资源丰富、要素成本低、市场潜力大的优势，积极承接国内外产业转移，不仅有利于加速中西部地区新型工业化和城镇化进程，促进区域协调发展，而且有利于推动东部沿海地区经济转型升级，在全国范围内优化产业分工格局。《国务院关于依托黄金水道推动长江经济带发展的指导意见》（国发〔2014〕39号）提出要打造"世界级"的产业集群，还要推进产业从东部向西部的梯度转移。上海是我国的一个经济中心，武汉在中部是一个经济中心，重庆在西部也是一个经济中心，通过长江经济带的建设，从东到西把这些经济中心贯通起来，就能够形成有序的产业梯度转移。

二是区域合作协调机制不断健全完善。2018年4月，习近平总书记在武汉主持召开深入推动长江经济带发展座谈会，提出"一盘棋"，将长江经济带作为一个统一体来看待，以协调发展为主旨，加强横向经济联系，协调企业跨区域合作，加速中西部地区的经济发展步伐，形成统一规划、分工协作、优势互补的协调发展局面。一方面，各地要发挥自身优势，避免同质化竞争；另一方面，要通过建立统一市场和规则，让生产要素优化配置。建设长江经济带，核心还是要实现一体化发展。流域各地区要形成合理的产业分工与合作，为要素的自由流动和各类经济主体的合作竞争提供良好的政策环境和发展条件，培育统一开放大市场，实施错位发展。因此，构建区域合作新机制，要扩大和深化与长江经济带沿线省市的合作交流，加大招商引资力度，多措并举，协同共进，实现上中下游优势互补，促进东中西部协调发展；要打破条块分割及行政区域的局限，破除地方保护主义，推进长江流域统一、开放、竞争、有序的市场体系深化发展；要强化区域间的分工协作，提高资源配置效率，充分利用不同区域的优势，优化长江经济带的产业布局；要加快推进基础设施的一体化，加强经济带的交通网络建设，为推动区域间的发展联动提供基础性条件。

三是长江经济带绿色发展进程不断推进。长江是我国第一大河，也是中国的母亲河。《国务院关于依托黄金水道推动长江经济带发展的指导意见》提出要把长江经济带建设成为"绿色生态走廊"。2016 年 1 月，习近平总书记在重庆召开推动长江经济带发展座谈会上说道："长江和长江经济带的地位和作用，说明推动长江经济带发展必须坚持生态优先、绿色发展的战略定位，这不仅是对自然规律的尊重，也是对经济规律、社会规律的尊重。"2018年，习近平总书记指出，长江流域生态功能退化依然严重，生态环境协同保护体制机制亟待建立健全。因此，推动长江经济带发展需要正确把握生态环境保护和经济发展的关系。习总书记指出，长江经济带应该走出一条生态优先、绿色发展的新路子。一要深刻理解把握共抓大保护、不搞大开发和生态优先、绿色发展的内涵。共抓大保护和生态优先讲的是生态环境保护问题，是前提；不搞大开发和绿色发展讲的是经济发展问题，是结果；共抓大保护、不搞大开发侧重当前和策略方法；生态优先、绿色发展强调未来和方向路径，彼此是辩证统一的。二要积极探索推广绿水青山转化为金山银山的路径，选择具备条件的地区开展生态产品价值实现机制试点，探索政府主导、企业和社会各界参与、市场化运作、可持续的生态产品价值实现路径。三要深入实施乡村振兴战略，打好脱贫攻坚战，发挥农村生态资源丰富的优势，吸引资本、技术、人才等要素向乡村流动，把绿水青山变成金山银山，带动贫困人口增收。

党的十九大报告明确指出，建设生态文明是中华民族永续发展的千年大计。必须树立和践行绿水青山就是金山银山的理念，坚持节约资源和保护环境的基本国策，像对待生命一样对待生态环境，统筹山水林田湖草系统治理，实行最严格的生态环境保护制度，形成绿色发展方式和生活方式，坚定走生产发展、生活富裕、生态良好的文明发展道路，建设美丽中国，为人民创造良好生产生活环境，为全球生态安全作出贡献。

四是带动区域发展的辐射作用不断增强。空间布局是落实长江经济带功能定位及各项任务的载体，也是长江经济带规划的重点。《长江经济带发展规划纲要》确立了长江经济带"一轴、两翼、三极、多点"的发展新格局。"一轴"是以长江黄金水道为依托，发挥上海、武汉、重庆的核心作用，构建沿江绿色发展轴；"两翼"分别指沪瑞和沪蓉南北两大运输通道，通过促进交通的互联互通，增强南北两侧腹地重要节点城市人口和产业集聚能力；"三极"指的是长江三角洲、长江中游和成渝三个城市群，充分发挥中心城市的辐射作用，打造长江经济带的三大增长极；"多点"是指发挥三大城市群以外地级城市的支撑作用，加强与中心城市的经济联系与互动，带动地区经济发展。重庆作为"一带一路"和长江经济带的联结点，发挥辐射作用、带动周边发展的成效是考核其促进区域经济协调发展的重要指标。

（二）重庆建成"一带一路"和长江经济带联结点的进展如何

国家"一带一路"倡议和长江经济带战略赋予了重庆开放开发新的战略机遇和历史使命。重庆市在 2014 年正式出台《贯彻落实国家"一带一路"战略和建设长江经济带的实施意见》，将我市贯彻落实国家"一带一路"倡议和长江经济带建设概括为"三大目标、五个原则、六项任务"。"三大目标"，即西部开发开放战略支撑能力大幅提升；长江经济带西部中心枢纽全面建成；加快形成长江上游重要生态屏障。"五个原则"，即抢抓机遇，练好内功；发挥优势，主动融入；双向开放，加强合作；深化改革，创新驱动；生态文明，持续发展。"六项任务"，即加快建设长江上游综合交通枢纽；打造内陆开放高地；增强战略支点辐射功能；培育特色优势产业集群；推进城市群建设；构筑长江上游生态安全屏障。经过多年的不懈努力，重庆在建成"一带一路"和长江经济带联结点上取得了全方位的进展。

1.定位明确，逐步成为多功能化的"联结点"

第一，重庆逐渐成为"一带一路"和长江经济带互联互通立体交通网络的"联结点"。重庆在我国对外开放和区域发展新格局中地位突出。对外，重庆处在丝绸之路经济带、21世纪海上丝绸之路和长江经济带的"Y"字形联结点上，连接了欧洲、亚太、东盟三大经济圈。对内，重庆可以通过长江黄金水道与沿海和东部建立起密切联系。经过多年的努力，重庆作为"一带一路"和长江经济带互联互通立体交通网络的联结点已经具备良好基础。在铁路方面，重庆铁路营运里程达到2371公里，开通了"渝新欧"国际贸易大通道。"渝新欧"从重庆出发，经新疆出境，进入哈萨克斯坦、俄罗斯、白俄罗斯、波兰至德国杜伊斯堡的国际铁路联运大通道，全程11179公里，仅需13天，较海运减少20多天，价格仅为空运的1/5，适合于多类高附加值货物运输。2018年3月16日，"渝新欧"越南国际班列开行，意味着重庆的南向通道"朋友圈"又添新员。这条直达河内的新通道，将与此前已开行的中新互联互通项目"渝黔桂新"南向铁海联运通道

（下称"渝黔桂新"南向通道）、重庆—东盟国际公路物流大通道等，共同助推重庆与东南亚地区的联动。在公路、水运、航空方面，当前已建成三个环线十二条射线3000公里的高速公路网；已形成一条干流两条支流1400公里的高等级航运网、218条国内和72条国际（地区）空中航线网，打通了"渝新欧"国际铁路、南向铁海联运、长江江海联运等三大国际贸易物流大通道，并实现常态化运行；重庆江北国际机场已形成3条跑道运行、年吞吐旅客能力5000万人次，居全球第54位、全国第9位，预计到2020年将成为100万吨货邮吞吐量、100条国际航线的"双百机场"。重庆基本形成了联结"一带一路"和长江经济带的立体大通道网络。

第二，重庆已逐渐成为亚欧非一体化大市场的重要联结点。共建"一带一路"，其重要的目的在于推进亚欧非大陆及附近海洋的互联互通，"一带一路"的互联互通项目将推动沿线各国发展战略的对接与耦合，发掘区域内市场的潜力，促进投资和消费，创造需求和就业，增进沿线各国人民的人文交流与文明互鉴，让各国人民相逢相知、互信互敬，共享和谐、安宁、富裕的生活。因此促进亚欧非一体化大市场的形成是"一带一路"倡议的最重要目的之一。重庆近年来在互联互通交通网络上的建设取得了瞩目的成就，为促进亚欧非一体化大市场奠定了重要的基础。目前重庆拥有以航空、水运、铁路3大交通枢纽、3大一类口岸、3大保税区为主的16个口岸区域，拥有汽车整车、肉类、水果和冰鲜水产品等指定进口口岸；打通向东向西大通道，开通"渝新欧"国际铁路大通道，开通 40 多条国际客货运航线及"渝深快线"；形成大通关格局，海关在市内各口岸以及特殊区域实现"区港融合、区区联动"，建立了沪渝川等口岸大通关合作机制，重庆的相关口岸成为中欧"安智贸"成员口岸。重庆积极利用黄金水道推动铁水、公水、江海联运一体化发展，开通了"渝深"铁海联运。重庆上海"五定"快班轮稳定运行，周边省市货物中转量已占重庆港口货物吞吐量的 40% 以上。重庆大力发展以港口为节点的铁公水多式联运，已建成主城果园、万州红溪沟等 5 个多式联运港口。尤其是"渝新欧"自 2011 年 1 月开通以来，开行数量不断突破。2016 年开行 420 列，2017 年开行 663 列，增长 58%，2018 年上半年开行 400 多列，累计开行突破 2000 列。

第三，重庆逐渐成为区域战略与开放战略的重要联结点。"一带一路"倡议是新时期的对外开放策略，长江经济带战略是新时期的重要区域发展战略。重庆作为"一带一路"和长江经济带的"联结点"，事实上也是国家区域战略与开放战略的重要联结点，需要在开放条件下实现区域协调，在区域协调下进一步促进对外开放，实现区域协调和开放发展的良性互动。近年来，重庆在推进区域战略与开放战略良性互动和协调发展方面积极作为，为重庆作为区域战略与开放战略的重要联结点打下了坚实基础。在国际领域，重庆与新加坡建立了密切合作关系，按照"互惠共赢、商业可实现、发展可持续、模式可复制"原则，共同建设中新（重庆）战略性互联互通示范项目；重庆与俄罗斯伏尔加河中上游地区建立了战略合作关系，与萨马拉、奥伦堡、楚瓦什3个州（共和国）签署了合作协议；重庆还与德国、韩国、中东欧国家建立了互利共赢的产业合作关系。在国内，与东部沿海广东、山东、浙江等省市签署了系列区域合作协议；与长江经济带相关省市建立了海关通关一体化机制；与四川省和贵州省建立了经济合作机制，每年滚动推进交通、流通、融通重大合作项目；重庆以旅游、基础设施、扶贫开发为依托，推动了与湘、鄂等省的合作；与环渝毗邻地区发展互融互通，推进毗邻区县无缝对接，支持遵义、巴中、资阳、达州等环渝地市实施"融入重庆"战略；加强同宁夏、陕西、新疆、甘肃等西北省区的联动，构建以"渝新欧"国际铁路物流大通道为骨干的现代欧亚大陆桥，围绕装备制造、能源、汽车及零部件、电子信息等重点领域进行产业协作。

第四，重庆逐步成为物流、资金流与信息流的重要联结点。在现代国际经济体系的框架下，"一带一路"倡议和长江经济带战略的顺利推进，离不开物流、资金流与信息流的增长和汇集。将重庆建成物流、资金流与信息流的重要联结点，目前已具备良好条件。近年来，重庆把扩大服务贸易作为内陆开放高地建设新的着力点和突破口，确立了保税贸易、保税商品展示交易、跨境电子商务、大数据云计算、跨境结算等五大新型服务贸易方式。2017年全年，重庆跨境电商网购保税模式验放包裹1500万个，货值 32.4 亿元，同比分别增长 63%、60%；监管整车进口 1254 辆、货值 6.22 亿元。截至 2018 年 6 月，全市累计跨境电子商务进出口及结算 421.59 亿元，支持第三方支付牌照企业易极付与 13 地异地海关系统实现对接。2018 年上半年，全市各银行共办理跨境人民币实际收付结算业务 454 亿元，同比增长 22.24%；与"一带一路"沿线 34 个国家开展了跨境人民币业务，结算总额达 159.91 亿元，同比增长 33.23%。截至 2018 年 6 月末，与重庆发生跨境人民币实际收付的境外地域，已拓展至美国、日本、德国、英国、法国、香港、台湾、新加坡、马来西亚、巴西、印度、韩国、澳大利亚等 115 个国家和地区。阿里巴巴、百度、腾讯等互联网龙头企业从集团层面与市政府实现深度合作，阿里巴巴重庆总部即将投用。两江国际云计算产业园服务器运营支撑能力超过 10 万台。通信信息国际口岸初步形成。目前基本完成中新国家数据通道建设，进一步提升重庆至新加坡等"一带一路"沿线国家和地区的网间流量疏导能力和互通效率。此外，依托"渝新欧"国际铁路大通道，重庆与中亚、欧洲、俄罗斯、中东欧等沿线国家和地区建立了物流、资金流与信息流的密切往来关系。

2. 紧抓机遇，融入海陆内外联动、东西双向互济的新格局

第一，在国家战略格局中发挥越来越重要的作用。重庆牢牢把握党的十九大报告提出的"优化区域开放布局，加大西部开放力度""推动形成全面开放新格局""强化举措推进西部大开发形

成新格局""形成陆海内外联动东西双向互济新格局"等重大历史机遇，充分发挥自身优势，积极主动参与和融入国家战略，持续推动国际合作和共赢发展。在国家推动"一带一路"建设和长江经济带发展的大格局中，重庆向东沿长江经济带出太平洋连接亚太经济圈，向西通过"渝新欧"国际铁路大通道经中亚、俄罗斯进入欧洲经济圈，向南经广西和云南的南向陆海大通道走向印度洋，并与海上丝绸之路相衔接，处在丝绸之路经济带、海上丝绸之路和长江经济带的"Y"字形联结点上，连接了欧洲、亚太、东盟三大经济圈。在国家构建陆海内外联动、东西双向互济的开放大格局和区域协调发展战略布局中，充分发挥承东启西、连南接北的独特区位优势，推动"一带一路"建设和长江经济带发展。

第二，航空、铁路、航运三大对外开放通道日趋完善。航空方面，重庆市依托江北国际机场，积极打造国际航空枢纽。江北国际机场 T3 航站楼及第三跑道正式投用，成为西部地区第一个拥有 3 座航站楼、3 条跑道同时运行的机场，开通国际航线 72 条。2017 年，江北国际机场旅客吞吐量达到 3871 万人次，货运量达 36.6 万吨，2018 年将分别突破 4000 万人、40 万吨。铁路通道方面，中欧铁路（重庆）通道功能进一步拓展。在全国率先运行国际行邮班列，积极拓展国外分拨点，扩大适载货源种类和辐射范围，实现班列常态化运行。2016 年开行 420 列，2017 年开行 663 列，增长 58%，2018 年 1—7 月已开行班列 400 余列，累计开行突破 2000 班。航运通道方面，长江黄金水道作用进一步强化。目前已形成果园港、珞璜港、龙头港和新田港"一大三小"的长江港口体系，内河航运要素聚集能力全面提升。建立沪渝外贸集装箱"五定"快班轮三峡船闸便利化通行机制，深化沪渝两地航交所战略合作，果园港启运港退税政策正式获批，重庆港集装箱吞吐量突破 100 万集装箱。

此外，中新互联互通项目南向通道建设不断加强，并成功列入国家"一带一路"项目库被予以重点支持，纳入中新互联互通示范项目框架与新加坡共同推进。中新互联互通示范项目争取到国家有关部委支持的创新举措 57 条，新加坡政府对等支持的政策 11 条，完成首家企业赴新上市。2018 年 3 月成功开通"渝新欧"越南国际班列，以中新互联互通项目"渝黔桂新"南向铁海联运通道、重庆—东盟国际公路物流大通道、"渝新欧"越南班列等为核心的南向通道体系基本形成，打通了重庆南向出海通道，经南向通道的货物可达全球五大洲，还通过南彭公路物流基地开行了南向通道跨境公路班车。数据显示，截至 2018 年 5 月 31 日，"渝黔桂新"铁海联运班列累计开行 189 班，实现每周固定 4 班双向对开，下行班列外贸货量占比达到 88%，目的地覆盖全球 51 个国家、92 个港口；跨境公路班车累计发车 287 车次，服务网络从越南全境扩展至老挝万象及泰国曼谷；国际铁路联运（重庆—河内）班列已完成双向测试，并将实现常态化运行。

第三，全方位开放平台体系逐步建立健全，平台协同发展成效初显。重庆市政府出台了《促进全市开放平台协同发展工作方案》，建立完善了开放平台协同共享机制，并制定了自贸试验区与中新互联互通示范项目一体化推进方案等促进协同发展的政策文件，奠定了平台协同发展的制度基础。2017年，保税港区和西永综合保税区进出口额占全市进出口总量的58%，协同效应逐步显现。健全全方位开放平台体系。荣昌、永川高新区获批为国家级高新区，江津综合保税区正式封关运行，全市基本形成"1+2+7+7"的国家级开放平台体系，平台功能更加夯实。获批开展贸易多元化试点、跨境电子商务综合试验、加工贸易承接转移示范、深化服务贸易创新发展试点、国家自主创新示范、汽车平行进口试点等重大改革试点。两江新区内陆开放核心功能逐步显现，实际利用外资占全市比重接近30%。两路寸滩保税港区、西永综合保税区和团结村铁路保税物流中心进出口总额占全市进出口总额60%以上。开放平台协同发展成效初显。

第四，积极利用区位优势，成为内陆与沿海、东部地区产业转移的重要枢纽。依托黄金水道推动长江经济带发展，旨在挖掘中上游广阔腹地蕴含的巨大内需潜力，促进经济增长空间从沿海向沿江内陆拓展；有利于优化沿江产业结构和城镇化布局，推动我国经济提质增效升级；有利于形成上中下游优势互补、协作互动格局，缩小东中西部地区发展差距；有利于建设陆海双向对外开放新走廊，培育国际经济合作竞争新优势。而重庆地处内陆，作为中西部地区唯一的直辖市，通过长江黄金水道，又可以与沿海和东部相连，因此把重庆建成内陆与沿海、东部与西部的重要联结点，建立对内开放与对外开放有机结合的开放模式，具有极其重要的意义。近年来，重庆积极利用区位优势，在推进产业在内陆与沿海、东部与西部梯度转移的同时，加强产业的引进和创新，创造了"多头在内、一头在外"的内陆加工贸易新模式，建成了以笔记本电脑为龙头的"5+6+860"的开放型电子信息产业集群，对沿海和东部资本的吸引力大大增强。2017年，重庆实际利用内资金额9682.36亿元，增长3.6%。截至2017年底，累计有279家世界500强企业落户重庆。

3. 积极行动，深化与"一带一路"国家投资与贸易合作

重庆基于区域发展实际，充分挖掘"一带一路"国家投资与贸易发展空间，不断加深与"一带一路"国家的贸易与投资往来。在"渝新欧"国际铁路联运大通道和长江黄金水道推动下，重庆与"一带一路"沿线64个国家的外贸交易日趋频繁，2017年，重庆市对"一带一路"国家进出口额176亿美元，占重庆外贸进出口总值的26.4%；与沿线12个国家新签对外承包工程合同额9.04亿美元，占同期总额的42.8%。

第一，积极发挥区位优势，主动融入"一带一路"建设。一是积极拓展国际互联互通大通道，加快建设内陆国际物流枢纽、口岸高地和开放高地。重庆基本形成了联结"一带一路"和长江经济带的立体大通道网络。打通了"渝新欧"国际铁路、南向铁海联运、长江江海联运等三大国际贸易物流大通道，并实现常态

化运行。国际航线推动重庆深度融入"一带一路"建设。重庆机场累计开通"一带一路"沿线国家国际航线达到44条，辐射泰国、马来西亚、新加坡、柬埔寨、越南等五个东盟国家首都，构建起联结重庆与"一带一路"沿线国家的空中通道。二是推进壮大对外开放平台。拥有两江新区1个国家级新区、重庆自贸试验区和中新示范项目2个开放平台、7个国家级高新技术及经济技术开发区、7个海关特殊监管区域等载体（6个海关特殊监管区或保税监管场所，1个国家检验检疫综合改革试验区）。三是大力推进贸易大通关。加快建设立体综合大口岸体系，推进通关通检一体化发展，积极寻求与"一带一路"沿线国家的通关合作，已建成重庆国际贸易"单一窗口"，与20多个欧洲国家实现海关关检互认、信息共享、执法互助，形成了"一次报关、一次查验、一次放行"的"一卡通"通关模式。既节约了企业通关时间，也降低了通关成本，促进了重庆与"一带一路"沿线国家的贸易往来。

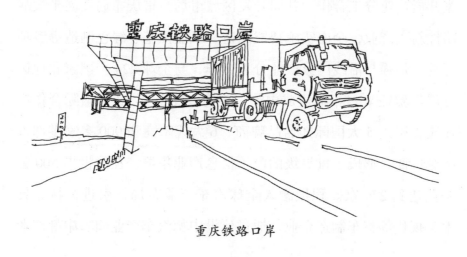

重庆铁路口岸

表 2-1　"一带一路"参与度排名前 20 的省份

省份	2017年排名	2016年排名	省份	2017年排名	2016年排名
广东	1	1	陕西	11	12
福建	2	5	云南	12	9
上海	3	2	河南	13	8
浙江	4	3	辽宁	14	20
山东	5	7	湖北	15	15
江西	6	6	四川	16	13
广西	7	11	黑龙江	17	18
天津	8	4	湖南	18	24
新疆	9	14	吉林	19	19
北京	10	10	重庆	20	17

　　第二，坚持"引进来"与"走出去"相结合，创新国际经济合作模式。重庆坚持"引进来"与"走出去"相结合，与沿线国家开展产业分工合作，共同开发区域市场。重庆布局发展十大战略性新兴产业，全面实施智能制造、工业强基、绿色制造等专项行动，加强与沿线国家产业分工合作，与全球 224 个国家和地区开展经贸往来，相继建成中德、中意、中英等 12 个国际合作产业园，引进 5 大国际知名品牌商、6 大代工商和 900 多家零部件配套厂商，形成了世界级的电子信息产业集群，在渝世界 500 强企业达到 279 家。积极融入全球汽车产业布局，引进福特、铃木、现代等整车制造企业，通过建设中德汽车产业园、中韩产业

园等引进一批汽车零部件厂商，形成了全国最大的汽车生产基地，汽车产量占全国的1/8。在这些支柱产业的带动下，德国、法国、奥地利、乌克兰等国家的企业纷纷到重庆投资。

积极支持本土企业"走出去"。长安、小康、联伟、海装风电、华晨鑫源、博腾制药等企业在海外设立了研发机构，力帆集团到俄罗斯、伊朗、埃塞俄比亚等国投资建厂，大龙网布点俄罗斯、波兰等10多个国家，带动5000多家企业产品供应海外市

 **案例**

力帆出海记——"一带一路"发车啦！

自2013年"一带一路"倡议提出以来，中国车企积极响应，加速海外发展布局。海外建厂，成为自主品牌求突破、自主创新、扬长避短的"捷径"，不仅减轻了自主品牌的竞争压力，树立了品牌形象，还有利于形成真正能够持续增长的国际竞争力。先行一步的力帆集团，并没有选择汽车工业已经非常成熟的欧美市场，而是选择了亚非拉。目前，他们已经在俄罗斯、土耳其、乌拉圭、伊朗、阿塞拜疆、伊拉克建有六座汽车生产工厂、四座技术合作的工厂、十家公司、三十多个办事处，无论是在生产资源、工厂产能扩充方面，还是在产品线丰富、整车品质提升方面都获得了长足发展。

（资料来源：搜狐网）

场。积极参与东南亚、非洲、东欧等地区产业并购，发展新能源、生态环保、装备制造等产业，每年双向带动产品进出口近30亿美元。力帆、隆鑫、宗申等企业海外工厂每年带动产品进出口近10亿美元。

第三，着力加强人文交流，不断完善"一带一路"国家合作机制建设。重庆与新加坡建立了密切合作关系，按照"互惠共赢、商业可实现、发展可持续、模式可复制"原则，共同建设中新（重庆）战略性互联互通示范项目；重庆与俄罗斯伏尔加河中上游地区建立了战略合作关系，与萨马拉、奥伦堡、楚瓦什3个州（共和国）签署了合作协议；重庆还与德国、韩国、中东欧国家建立了互利共赢的产业合作关系。积极参与中国—中东欧、中俄两河流域、中国—东盟、中美、中澳省州长论坛等多双边合作机制建设，着力加强国际人文交流与合作。截至目前，重庆国际友城达到43个，外国驻渝领事机构达到10家，对53个国家实行"72小时过境免签"，来自全球140多个国家和地区的上万名留学生在渝学习，其中"一带一路"沿线国家有4000余名。2017年我市接待入境游客358万人次，同比增长12%。大力推进中欧区域政策合作交流，积极拓展和深化与欧盟地区的务实合作，重庆与德国曼海姆市建立结对合作关系。重庆还与维也纳等"一带一路"沿线城市合作，轮流举办"海陆丝绸之路国际文化节"等，加强与各国的文化、艺术、教育等交流与合作。

4.脚踏实地，不断推动长江经济带深度合作机制建设

第一，物流主通道初具雏形。长江经济带发展的大格局中，重庆向东沿长江经济带出太平洋连接亚太经济圈，畅通东向通道，协调建立了外贸班轮三峡大坝优先通航机制，开通渝甬铁海联运通道；积极推动将渝万沿江高铁纳入国家《推动长江经济带沿江高铁通道建设实施方案》。当前，重庆已形成十条干线 2500 公里的铁路网、三个环线十二条射线 3000 公里的高速公路网、一条干流两条支流 1400 公里的高等级航运网、打通了包括长江江海联运在内的三大国际贸易物流大通道，并实现常态化运行，重庆基本形成了联结"一带一路"和长江经济带的立体大通道网络。

第二，长江经济带区域合作机制不断完善，省际协商合作机制初步形成。近年，重庆不断深化与长江经济带沿线省市的合作交流。2016 年，组织召开首届长江上游地区省际协商合作联席会议，会议审议通过《长江上游地区省际协商合作机制实施细则》，四省市人民政府联合印发实施生态环境联防联控、基础设施互联互通、公共服务共建共享等 3 个年度重点工作方案，标志着联席会议从协商沟通向务实合作迈出重要步伐。同时，加强与东部地区承接产业转移合作。以东部沿海发达省市为重点，以智能制造、集成电路、生物医药等新兴产业为重点，策划推动园区合作共建。近四年来，重庆累计签约引进亿元以上工业投资项目 2152 个、协议投资额 1.88 万亿元，其中东部沿海省市占比超过 60%，

长江经济带 10 省市占比超过 40%。组织万盛等区县赴江苏南通等地进行考察对接，商讨园区共建等合作事宜。推动荣昌区与苏州高新区经济发展集团总公司合作建设苏高新荣昌节能环保产业园。

2017 年，在长江上游地区省际协商合作机制框架下，重庆市与四川省商定了生态环境联防联控、基础设施互联互通、公共服务共建共享等年度重点工作方案，为推进长江上游地区一体化发展明确了具体目标任务。2017 年，成渝城市群实现地区生产总值 5.09 万亿元，同比增长 10.8%，占全国比重达到 6.2%。2018 年 6 月，两省市签订《深化川渝合作深入推动长江经济带发展行动计划（2018—2022 年）》和 12 个专项合作协议，行动计划明确了九个方面 36 个合作事项。"十三五"规划纲要实施以来，川渝两地交通一体化、产业协作、资源开发合作、公共服务共享、市场融合等方面均取得了显著成效。渝广（安）高速建成通车，利泽航运枢纽项目前期工作和长江上游段、嘉陵江等航道整治项目加快推进，市场一体化建设稳步推进，川渝 15 个地市州取消手机漫游费。召开川渝合作两地四方联席会，重庆市渝北区、长寿区、垫江县与广安市、邻水县签订战略合作框架协议，共同发起《共建长江上游生态屏障示范区倡议书》；重庆市北碚区、合川区和广安市武胜县签订《共建嘉陵江生态经济带合作框架协议》，探索融入长江经济带、"一带一路"和成渝城市群发展战略，在基础互联、生态共治、产业协作等 10 个领域开展广泛合作。依托渝西川东七区县经济社会发展协作会组织，加强重庆市潼南区、大足区、荣昌区和四川省资阳安岳县、内江东兴区、内江隆昌县、泸州泸县等成员区县开展务实合作，轮流联合举办经济社会发展主题会、巴蜀文化艺术节和特色产品展销会，推动该地区市场、人才等资源加快流通和合作对接。出台《川渝合作示范区（潼南片区）建设工作方案》，印发《川渝合作示范区（潼南片区、广安片区）2018 年年度合作计划》，推进区域协同发展。

2018 年与贵州签订《重庆市人民政府、贵州省人民政府合作框架协议》，梳理形成 10 大领域 34 个重大合作事项。重大合作事项进展：一是交通互联互通。渝黔铁路已于 2017 年建成通车。双边 5 条接线高速公路加快建设，南川—道真、酉阳—沿河秀山—松桃高速公路已建成通车；江津—习水高速公路重庆境路段计划 2018 年建成通车；武隆—道真高速项目前期工作正加快推进。两省市港航管理部门签署合作备忘录，共同推进乌江通航秩序、安全监管、航道治理等方面深入合作。二是能源合作。习水二郎电厂等一批政府推动的重大合作项目取得突破，由国家电力投资集团投资的"点对网"项目，习水二郎电厂一期（2×66 万千瓦）已建成投产并送电到渝，2016 年发电 31.7 亿千瓦·时、2017 年发电 25 亿千瓦·时。三是旅游合作。渝川黔三省市联合开展"四川好玩，重庆好耍，贵州好爽"跨区域旅游系列营销活动，市旅游局组织赴贵州开展"山水之城·重庆之约"专项推广活动，共发放各类旅游宣传资料 20 万册（份）。2017 年，我市接待贵州游客 2246.46 万人次，同比增长 39.77%；我市赴贵州旅游人数达 2980.07 万人次，同比增长 20.3%。四是现代农业合作。重庆 27 家企业入驻贵州 19 个省级现代高效农业示范园区，项目涉及休闲观光、中药材种植、畜禽养殖、渔业养殖和果蔬等农产品加工，近三年贵州供渝蔬菜一直保持在 200 万吨左右。近三年，渝企入黔协议投资 1000 亿元左右，贵州企业入渝投资实际到位资金达 543.5 亿元。公共服务方面，实现渝黔基本医疗保险跨省异地就医直接结算。

第三，长江经济带生态文明建设不断推进。2017 年 7 月份以来，重庆市委、市政府深入贯彻习近平生态文明思想，坚持生态优先、绿色发展，坚持共抓大保护、不搞大开发，出台《关于深入推动长江经济带发展加快建设山清水秀美丽之地的意见》《重庆市实施生态优先绿色发展行动计划（2018—2020 年）》《重庆市污染防治攻坚战实施方案（2018—2020 年）》《重庆市国土绿化提升行动实施方案》，召开深入推动长江经济带发展动员大会暨生态环境保护大会，全面落实全国生态环境保护大会精神和推动长江经济带发展座谈会精神。

实施重点流域综合治理。建立健全了由市委、市政府主要领导任总河长的市、区县、乡镇、村四级河长体系。陈敏尔书记主动担任全市总河长和长江重庆段市级河长，2018 年 5 月以来 4 次亲自巡河，并主持召开 2018 年第一次市级总河长会议；出台《重庆市市级河流河长制工作机制运行管理办法（试行）》，印发

《关于进一步健全完善河长制组织体系的通知》，进一步规范河长制工作制度，全市各级河长累计巡河已超过 25 万人次，及时发现并研究解决了一批河库突出问题。乌江、綦江河等重点流域河流水质稳定提升或基本达到Ⅲ类，主城区 56 座湖库水质明显改善。长江干流重庆段水质为优，纳入国家考核的 42 个断面水质达到或优于Ⅲ类的比例为 85.7%，基本消除全市 48 段城市黑臭水体。

大力推进散煤治理和煤炭消费减量替代。将散煤治理和煤炭消费减量替代重点工程纳入全市污染防治攻坚战实施方案，依法依规稳妥推动能耗、环保、质量、安全、技术达不到标准、生产不合格产品或淘汰类燃煤企业退出。累计划定并巩固高污染燃料禁燃区近 3000 平方公里，减少散煤及煤炭消费约 300 万吨，全市煤炭消费量占能源消费总量的比重下降到 47.6%。

开展柴油货车、船舶超标排放专项治理。加强油品质量源头管控，主城区出租车、公交车全部使用 CNG 汽车。狠抓新车注册登记环保核查、总量控制主城区货运车辆、黄标车限行、柴油货车检查及遥感监测、淘汰老旧柴油车辆等重点环节，划定高排放非道路移动机械禁止使用区域近 4000 平方公里。开展船舶清污专项行动，已取缔餐饮船舶 95 艘，完成整改 25 艘。

强化土壤污染管控和修复、固废污染防治。布设土壤污染状况农用地详查点位 11348 个。累计完成疑似污染场地调查评估 617 块，治理修复 60 余块。新规划布局一批危险废物集中处置设施，已建成设施 45 个，年处置能力达 119 万吨，基本满足全市处置需求。建成投运一般工业固体废物集中处置场 3 个。在 10 个区县开展危险废物综合收集贮存试点。

加快推进垃圾分类处理。印发《重庆市生活垃圾分类制度实施方案》。运行城镇生活垃圾处理场（厂）59 座，城市生活垃圾无害化处理率达到 100%，建成规范再生资源回收站点 9190 个。推进餐厨垃圾资源化利用。市级机关生活垃圾强制分类实现全覆盖，主城区 23 个街镇已启动分类试点示范建设。

开展"两江四岸"环境整治。出台《重庆市主城区"两江四岸"消落区综合治理工作方案》，以消落区综合治理为重点，同步对沿线江岸、滨江路相关区域进行整治。

深化环境监测改革。印发了《重庆市深化环境监测改革提高环境监测数据质量实施方案》，切实保障环境监测数据质量，提高环境监测数据公信力和权威性，为筑牢长江上游重要生态屏障和加快建成山清水秀美丽之地提供有力支撑。

（三）重庆如何进一步推动"一带一路"和长江经济带联结点的建设

重庆处在"一带一路"和长江经济带的联结点上，在国家区域发展和对外开放格局中具有独特而重要的作用。重庆要进一步推进"一带一路"和长江经济带联结点的建设，必须遵循"五个原则"，即抢抓机遇，练好内功；发挥优势，主动融入；双向开放，加强合作；深化改革，创新驱动；生态文明，持续发展。结合当前重庆建设"一带一路"和长江经济带联结点的实际情况，为进一步推动重庆作为联结点建设，具体来看，可从以下几个方面来着手：

1. 在全局中谋划一域，让一域为全局多作贡献

一是扩展重庆果园港功能，做实"一带一路"和长江经济带物理联结点。重庆果园港位于重庆两江新区，是国家发改委、交通部和重庆市重点打造的第三代现代化内河港口、国家级铁公水多式联运综合交通枢纽。港区占地约 4 平方公里，设计年通过能力 3000 万吨，分为港口功能区、铁路功能区和仓储配套功能区。李克强总理在 2014 年 4 月考察果园港时，基于果园港优越的地理环境，给予了"第一大港"的评价。2016 年 1 月 4 日，习近平总书记来到重庆果园港考察，听说"渝新欧"国际铁路沿线国家

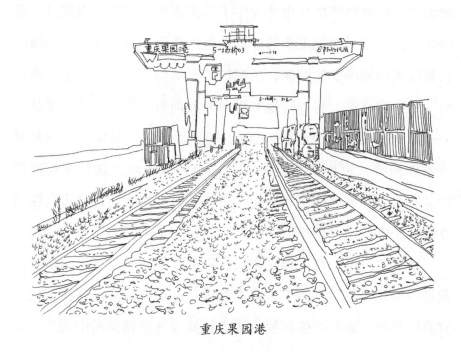

重庆果园港

实现一次报关查验、全线放行，他赞赏"挺好"。看到港口设施齐备，已初具规模，他说："这里大有希望。"重庆果园港是"一带一路"和长江经济带"物理联结点"。建设好果园港具有极其重要的意义和价值。目前，果园港一类开放功能尚未正式开放。应加快果园港口岸互联互通建设，打造国际物流集散分拨中心。建设果园港国际国内中转集拼中心。争取将重庆水运口岸扩大至果园港，推动保税功能向果园港拓展。探索区港联动、"区港一体"监管运作，拓展长江多式联运，建设长江上游多式联运综合枢纽港口。

二是加强重庆对外铁路大通道建设，完善重庆铁路网络。随着铁路运输和通讯技术的发展，陆路运输的时间成本优势逐渐显现出来，世界经济格局由此发生了重大改变。当前，内陆经济和海洋经济占据了同等重要的位置。重庆作为内陆地区，正是顺应世界经济格局的变化潮流，挖掘内陆经济的优势，打通了"渝新欧"铁路大通道，将内陆地区推向开放前沿。重庆要进一步放大"一带一路"和长江经济带联结点的作用，理当顺应全球内陆经济发展潮流，突出铁路运输优势，加强重庆对外铁路大通道建设，完善重庆铁路网络。然而，重庆对外铁路大通道建设与联结点的功能要求还存在差距。

根据"一带一路"倡议和长江经济带战略需要，当前重庆应积极争取优先加快推进三条高铁建设。一是推动渝昆高铁重庆至宜宾段建设。渝昆高铁可使重庆连接到泛亚铁路网的中国节点昆明上，实现重庆与东盟、与海上丝绸之路的高效便利连接。二是推进渝西高铁建设，将渝万沿江高铁纳入国家《推动长江经济带沿江高铁通道建设实施方案》并力争2019年开工建设。渝西高铁是呼和浩特（张家口）至三亚通道的重要组成，可畅通呼和浩特（张家口）至三亚通道、郑渝昆通道、沪汉渝蓉通道三大高铁通道，可有效解决重庆北上铁路通道问题，连通国家高铁网中包头至海口纵向大通道，增强重庆作为"一带一路"联结点的功能。三是积极推进渝湘高铁重庆主城至黔江段建设。渝湘高铁是成渝城市群连接长株潭城市群和海西经济区的快速铁路大通道，也是成渝经济区连接海上丝绸之路的快捷通道。渝湘高铁可以使重庆更好发挥海上丝绸之路战略腹地的作用。

三是打造国家公路口岸，将南彭公路物流基地纳入国家东盟发展战略加以实施，构建丝绸之路经济带的产业腹地。2015年，海关总署、财政部、国家税务总局、国家外汇管理局联合发文，批准设立重庆南彭公路保税物流中心（B型）。该中心依托重庆南彭贸易物流基地，北邻内环高速，南接绕城高速，东联渝湘高速，西邻渝黔高速，铁路东南环线在附近设有年吞吐量为1000万吨的货运站，交通和区位优势明显。重庆南彭贸易物流基地作为重庆—东盟陆路物流通道起点和"一带一路"与长江经济带转换的重要枢纽，具有优越的地理、交通和市场条件。目前，重庆南彭公路保税物流中心（B型）不仅可以满足保税商品展示、跨境电子商务等新兴贸易仓储物流需求，还可为东南亚的水果、食物、木材等产品提供保税仓储服务，将有效辐射"21世纪海上丝绸之路"沿线国家（特别是东盟十国），形成覆盖中国—中南半岛经济走廊建设所需的保税物流功能，对于加快推动实施国家"一带一路"倡议和长江经济带战略具有十分重要意义。

为充分发挥重庆南彭贸易物流基地在国家"一带一路"倡议和长江经济带战略中的作用，建议：一是积极争取中央支持，加强公路物流基地信息中心、运输中心、仓储配送中心、转运中心、货运站场和展示交易中心建设，建立公路现代化物流配送体系，将重庆南彭贸易物流基地打造成国家公路一类对外开放口岸，以弥补重庆在公路口岸的短板。二是积极争取中央将重庆巴南公路物流基地纳入国家东盟发展战略加以实施，规划建设海上丝绸之路战略腹地功能，疏通重庆至东南亚的国际贸易公路大通道，以构建丝绸之路经济带的产业腹地。三是进一步加强基础设施建设，不断提升区域间通道的通行能力，推动公路交通建设体制和运输管理体制改革，切实降低公路物流成本。

2.进一步发挥重庆在内陆海外联动、东西双向互济中的作用

一是进一步拓展对外开放通道建设。其一，拓展中欧（重庆）班列联运大通道综合功能。完善中欧（重庆）班列常态化运行机制，积极拓展跨国邮包运输和旅游通道，布局完善境内外分拨点和仓储中心。依托重庆铁路口岸、汽车整车进口口岸，引导国际货代物流企业面向重庆承揽货源。强化长江经济带周边地区、华南地区及"一带一路"沿线国家和地区的货源组织，全面

增强国际物流集散功能，打造中欧贸易国际分拨、中转、销售、结算中心，构建内陆地区连接丝绸之路经济带的国际贸易主通道。其二，进一步发挥国际公路物流通道作用。依托不断完善的高速公路网络，为重庆与 21 世纪海上丝绸之路沿线国家间产业及供应链融合提供国际物流支持。发展重庆经钦州至泛北部湾地区、经磨憨至老挝及中南半岛、经深圳至香港地区的国际公路运输及多式联运。完善重庆—东盟国际公路联运专线班车常态化运行机制。丰富国际公路物流通道运输货物品类。加强与国际公路物流通道沿线地区在基础设施建设、外贸货物集散、物流资源配置等方面的合作。创新公路运输外贸货物的海关和检验检疫监管方式。加快推进南彭公路保税物流中心（B 型）建设。其三，全面提升内河航运要素聚集能力，加强"水水中转"合作，建立沪

重庆南彭公路保税物流中心

渝外贸集装箱"五定"快班轮三峡船闸便利化通行机制，深化沪渝两地航交所战略合作。吸引周边省市货物来渝通过长江中转出海，吸引长江中下游省市货物通过"渝新欧"铁路大通道直达欧洲，扩大沿江地区与欧洲的货物贸易。力争将重庆水运港纳入国家启运港退税试点范围。完善航运交易网络，发展航运总部经济，打造长江上游航运服务集聚区。其四，优化国际客货运航线布局。积极增开内陆国际直飞航线，重点发展通达"一带一路"沿线国家和地区的国际航线。推动建立重庆—新加坡航空路线体系，提升重庆对东盟的辐射力和影响力。突出航空多元化和差异化发展，构建覆盖各大洲主要枢纽城市的国际航线新格局。其五，加快完善通信信息通道。巩固并不断提升国家级互联网骨干直联点功能，积极争取国家在渝设立国际通信业务出入口局，打造通信信息国际口岸。推动重庆与日本、韩国、新加坡、香港等国家和地区的国际直达通信专线建设，优化调整国际通信传输架构，提高国际通信网络质量，提升为全球客户提供服务的能力，全面建成"国际信息港"和国家级通信信息枢纽。

二是推动亚欧一体化大市场形成，构建"渝新欧"+4小时航空重庆国际贸易圈。推动亚欧一体化大市场形成，是实施推进"一带一路"战略的重要目的之一。重庆是"渝新欧"大通道的起点，同时有中新（重庆）战略性互联互通示范项目载体，重庆推动亚欧一体化大市场形成、构建亚欧大贸易圈具有便利条件。基于现有的条件，重庆可以"渝新欧"大通道和中新（重庆）战略性互联互通示范项目为载体，发展铁空联运业务，通过"渝新欧"+4 小时航空圈，构建起以重庆为运营中心，连接新加坡以及吉隆坡、马尼拉、东京、首尔、中国台北等城市的国际贸易辐射圈。通过"渝新欧"+江北国际机场+新加坡樟宜机场，构建有形的欧洲面向东南亚的新国际贸易通道；同时通过"渝新欧"+江北国际机场+新加坡贸易体系，可以构建欧洲面向东亚、东北亚的无形国际贸易通道。

表 2-2 "渝新欧"+4 小时航空重庆国际贸易成本比较分析

始发地	运输方式一	中转	运输方式二	目的地	时间	运费
杜伊斯堡、汉堡、法兰克福、鹿特丹等欧洲主要城市	空运	迪拜	海运	新加坡	14天	20万—31...
	渝新欧	重庆	空运	新加坡	14—16天	13万—15万/标...
	空运	迪拜	海运	台北	19天	22万—33万/标箱
	渝新欧	重庆	空运	台北	14—15天	10万—12万/标箱
	空运	迪拜	海运	东京	25天	25万—36万/标箱
	渝新欧	重庆	空运	东京	14—16天	13万—15万/标箱
仁川港	海运	大连	铁路	莫斯科	20天	6万—7万/标箱
釜山港	海运	海参崴	铁路	莫斯科	35天	7万—8万/标箱
首尔	空运	重庆	渝新欧	汉堡	14—16天	12万—14万/标箱

构建"渝新欧"+4 小时航空重庆国际贸易圈，有效的"铁空联运"是关键。当前需要做好六方面的工作：一是强化空港基础设施建设，提速江北国际机场空港建设，将第四跑道和 T3B 航站楼的前期工作尽快提上议事日程。二是强化空港功能，积极向中

央争取航权开放试点，将重庆作为西部航权开放试点城市，在航权分配、航线审批、时刻申请等方面给予更多自由度。三是积极推进重庆开通至东亚、东北亚、东南亚的货运航线。积极向国家民航局争取国内航空公司新开重庆始发远程洲际航线给予补贴支持，推动重庆国际航线加快发展。四是积极向中央争取，支持将"渝新欧"国际铁路建设成为中欧铁路主通道，进一步统筹协调国内中欧班列有序开行，降低铁路运价，提高通关便利化水平。五是积极向中央争取，支持重庆进一步拓展铁路和航空口岸功能，设立涵盖特殊生物制药、粮食、肉类、木材、植物种苗等指定商品口岸。六是通过区域自由贸易协定等多种方式，推进欧洲和"一带一路"沿线国家的贸易合作。

三是提升对外开放平台功能，促进陆海内外联动。其一，完善"三个三合一"开放平台。进一步强化基础设施、功能要素和体制机制建设，充分发挥"三个三合一"开放平台辐射带动效应，增强枢纽集散作用，扩大口岸转口规模，创新保税拓展功能，服务内陆开放发展。加快果园港口岸互联互通建设，打造国际物流集散分拨中心。建设果园港国际国内中转集拼中心。争取将重庆水运口岸扩大至果园港，推动保税功能向果园港拓展。探索区港联动、"区港一体"监管运作，拓展长江多式联运，建设长江上游多式联运综合枢纽港口。加快推进铁路保税物流中心（B型）和指定口岸功能建设，打造西部进口整车贸易基地。依托团结村铁路枢纽，多渠道加密"渝新欧"往返货运班列，积极开发"渝新欧"客运班列。提升重庆江北国际机场航空口岸功能，建设中西部国际航空货运中心。开展航空乘客通程联运试点，扩大机场货邮二次集拼和中转试点，大力发展快件集散、冷链物流、航空货代，实行保税物流区与机场货运区一体化运作，打造重庆临空服务产业发展的先导区。

其二，完善指定口岸体系。申报设立进口粮食、植物种苗、木材等指定口岸和金伯利进程国际证书制度实施机构，扩大延伸进口水果、肉类、水产品等指定口岸监管点。发挥进口指定口岸功能，打造西南地区最具影响力的商品交易市场。加快电子口岸建设。统筹推进全市国际贸易便利化信息系统建设，进一步优化和完善重庆电子口岸平台。积极开发推广物流、航运、仓储等综合应用配套系统，以及便利监管、满足企业需求的外贸管理、库存管理、场所管理、港航作业等应用系统和协作平台，提升口岸信息化水平。推动重庆电子口岸与"一带一路"和长江经济带沿线口岸的互联互通，共建电子口岸数据平台，实现物流、通关通检等信息交换和业务协同，打造适应内陆开放高地建设的口岸服务环境。

其三，推进便捷高效一体化大通关。积极推进互联网与通关管理深度融合，实施"互联网+易通关"改革。充分发挥中欧、中新经认证的经营者（AEO）互认、中欧"安智贸"协定和《第一届"一带一路"检验检疫高层国际研讨会重庆声明》等合作文件的作用，搭建"一带一路"沿线沿边国家（地区）海关定期会晒平台，探索国际海关和检验检疫机构间"三互"合作机制。深化重庆全域检验检疫"通报、通检、通放"，全面融入全国检验检疫通关一体化。依托电子口岸平台，建设国际贸易"单一窗口"，按照国际标准统一"单一窗口"申报数据规范，实现申报人通过"单一窗口"向口岸管理相关部门一次性申报。

3.继续深化与"一带一路"国家投资与贸易合作

（1）构建更加完善的贸易体系

第一，优化贸易结构。积极发展总部贸易，依托各类口岸平台优势，鼓励沿线国家跨国公司在渝设立区域性国际物流运营中心，建立进口货物专业市场和国际物流集散分拨中心，开展进出口货物国际采购、分拨和中转，打造内陆国际贸易分拨、中转、销售、结算中心。以"渝新欧"铁路和国际航空货运为依托，开展货物快速拆拼和集运业务，大力发展内陆在岸转口和过境贸易，吸引周边省市货物经重庆转口国内外，培育"一带一路"沿线国家和地区间经重庆开展的转口贸易。积极争取国家支持汽车整车平行进口试点，开展进口汽车符合性改装试点，扶持汽车平行进口配套服务产业，研究推进进口汽车整车转关业务，发展面向国内及东南亚国家和地区的汽车转口贸易，培育汽车整车进口产业链。增设口岸免税店，争取"离境退税"试点，带动境外旅客消费升级。充分利用中澳自贸协定，发展活牛进口产业链。着力增强创新驱动发展新动力，将战略性新兴产业尽快培育成为外贸潜在增长点。着力开拓外贸多元化市场，巩固美、欧、日等传统市场，加大拉美、非洲等新兴市场开拓力度。

第二，构建外贸综合服务体系。发展外贸企业综合服务平台，为中小外贸企业提供报关、报检、物流、融资、退税、信保、法律等综合服务。加快外贸转型升级示范基地建设，培育一批国家级综合型、专业型和企业型基地。规范进出口环节经营性服务和收费，降低企业经营成本。加强贸易风险、汇率风险监测分析，适时公布风险提示，引导企业有效规避贸易风险。积极应对贸易摩擦。促进贸易产业体系的创新发展。坚持市场主导，加快体制机制和商业模式创新，促进现代服务业与先进制造业融合发展，推动两江新区形成金融结算、国际物流、服务外包、专业服务、文化创意及会展旅游等服务贸易产业集聚地，成为内陆地区服务贸易创新发展的中心和"一带一路"与长江经济带服务贸易的重要枢纽。

（2）培育开放发展市场主体

第一，引导企业参与"一带一路"沿线国家和地区投资合作，积极支持企业开展国际产能和装备制造合作。结合商务部《对外投资国别产业导向目录》，综合双边关系、合作意愿、资源禀赋、产业配套、市场需求等因素引导重庆企业进行对外投资合作。重点开拓"一带一路"沿线国家和地区市场，亚洲以东盟地区、欧洲以中东欧地区、非洲以东非地区为布局重点，进一步鼓励重庆企业抱团"走出去"。推进重点产业向我国设在重点国别（地区）的产业园区聚集。

第二，推动国际产能合作。积极对接自由贸易区战略，建设中新、中韩、中澳、中国—东盟、亚太等自由贸易协定实施示范区，充分利用自由贸易协定关税优惠政策，鼓励有条件的重庆企业在境外建立生产销售一体化基地，在全球范围建立组装和生产工厂、研发机构和营销中心。鼓励企业以强强联合方式开展境外矿产资源勘探、开发、技术合作和海外并购。推进境外营销网络建设，建设一批重庆名优商品展示展销中心。

第三，完善市场主体合作平台。构建"政府+金融机构+企业"的创新合作机制，搭建服务全市企业的"走出去"综合服务平台。促进海外并购基金创新融资模式，推动海外投资项目储备与投资合作。用好海外矿权交易中心，加强海外矿产勘查和风险防范，积极吸引国内资本参与对外矿产开发投资。支持重庆秀山对外劳务合作服务平台持续健康发展，推动渝东南片区开放型经济建设，促进精准扶贫。利用驻外机构、外国政府投促机构和知名中介机构等资源，为企业提供有效的境外投资项目和政策信息。鼓励对外投资合作协会等社会中介机构进一步发展壮大，不断提升服务水平。

（3）优化开放经济发展环境

继续深化"放管服"改革。实施优化营商环境"十项行动"，推进政务服务"六个一"改革，实施行政审批改革"七项制度"，推动审批流程再造；转变政府管理职能，提高企业办理业务便利度；构建"亲不逾矩、清不远疏"的新型政商关系。深化大部门体制改革，探索设立行政审批局、城市管理综合执法局等机构。深化外商投资和对外投资管理体制改革，优化市场环境、政务环境、法治环境和人居环境，进一步增强开放发展的集聚辐射能力。严格落实国家新版外商投资负面清单，释放更多红利。采取"以点带面"的方式，选取自贸片区试点自下而上推动 25 号文中部分创新举措，努力争取从实践中突破创新，并总结提炼一批可复制推广的经验做法。

（4）提升对外开放平台功能

进一步强化基础设施、功能要素和体制机制建设，充分发挥"三个三合一"开放平台辐射带动效应，增强枢纽集散作用，扩大口岸转口规模，创新保税拓展功能，服务内陆开放发展。进一步加快两路寸滩保税港区、西永综合保税区建设，提升已围网区域综合运营效益，整合发展未围网区域。实现海关特殊监管区域内制造业及相关联的生产性服务业有序发展，引导加工贸易向产业链高端延伸，运用保税政策大力发展服务贸易。深入推进贸易多元化试点。创新通关监管服务，深化"一线放开、二线安全高效管住"贸易便利化改革，优化保税货物流转管理。发挥进口指定口岸功能，打造西南地区最具影响力的商品交易市场。加快电子口岸建设，推动重庆电子口岸与"一带一路"和长江经济带沿线口岸的互联互通，共建电子口岸数据平台，实现物流、通关通检等信息交换和业务协同，打造适应内陆开放高地建设的口岸服务环境。

4. 推动长江经济带深度合作机制逐步健全

一是促进经济的可持续、包容性增长。根据长江经济带的建设要求，在经济下行的压力下，积极调整经济增长的方式，挖掘资源要素的潜力，更新经济增长的动力，保持经济增长的活力，形成经济发展的张力，发挥长江上游地区经济中心的作用，促进经济的可持续、包容性增长。要持续推进城乡统筹发展战略，推进新型城乡化建设，建立城乡一体化的资源市场化配置机制，提高城乡资源的综合配置效率；切实缩小城乡发展差距，化解农村生产力与生产关系的矛盾，增强社会和谐动力。要大力实施绿色发展战略，协调"金山银山"开发与"绿水青山"保护的关系，推动绿色、循环、低碳、可持续发展，切实保护好三峡水资源战略储备库。

二是建立有效的区域协同发展机制。要处理好区域间的协作与竞争关系，充分挖掘自身的优势，在加强与周边省市合作中拓展自身的发展平台，寻找共赢的战略空间，实现资源互补、利益共享、共同发展。要加快推进成渝经济区和成渝城市群建设，加强与长三角、中三角地区的深度合作，加强规划对接、产业承接、项目对接、交通等基础设施对接，促进人流、物流、资金流、信息流等要素和资源在各省市间充分共享、高效流动、优化配置。

三是充分发挥战略支点作用，积极推进长江经济带西部中心枢纽的建设。立足东西联动，发挥长江黄金水道与"渝新欧"铁路大通道连接的综合优势，进一步统筹协调、建设发展好内部交通网络与对外交通网络，着眼于推进成渝经济区和成渝城市群建设，加强与长江经济带、丝绸之路经济带和21世纪海上丝绸之路三大跨区域经济带的对接，优化交通体系，更新物流体系，健全政策体系，优化协作机制，完善区域间资源调控机制。充分发挥渝新欧铁路大通道的优势，增强重庆的集货能力，提高运输的综合效率。以物流枢纽为依托，积极推进贸易、金融、能源、信息和文化的融合发展。依托长江经济带，凸显西部枢纽功能，创新内陆开放制度。加快向西开放的步伐，形成向东开放的联动，发挥向南开放的腹地作用。

四是积极呼吁中央进一步加强长江流域协调机制建设，促进一体化进程。一要强化中央层面的组织领导，"一带一路"和长江经济带相关事务在国家层面进一步明确到部门，建立区域统一协调指挥机制。二要在各省市之间建立常态化的、有制度保障的协调机制。三要建立长江经济带全流域的物流管理体制和统一收费标准，消除市场壁垒，促进市场融合。四要建立长江上游生态屏障建设的全流域成本分担机制和利益分享机制，减少长江上游的成本压力。五要协调长江上中下游的利益，完善沿江综合交通信息网络，建立互联互通信息平台。

五是充分发挥黄金水道功能，多渠道加快解决三峡过坝能力不足的瓶颈。2011年，三峡大坝过闸运量已达到1.1亿吨，已超过1亿吨的设计能力。随着"一带一路"倡议和长江经济带战略的深度推进,长江黄金水道的水运需求在持续增长。由于三峡大坝过闸能力限制,目前轮船过坝平均时间为 3—5 天,如遇船闸检修,则需要 15 天左右。水运是最便宜的货运方式,吨公里运费约为 0.05 元,但受此制约,重庆与其他地区往来货物运输只能被迫选择昂贵的公路运输(其吨公里运费约为 0.53 元,是水运的10 倍)。由于三峡过坝能力不足,增加了长江上游地区的综合运输成本,目前已经开始制约长江经济带战略的顺利推进,影响"一带一路"建设和长江经济带战略互动,同时也严重制约重庆"一带一路"和长江经济带联结点作用的发挥。

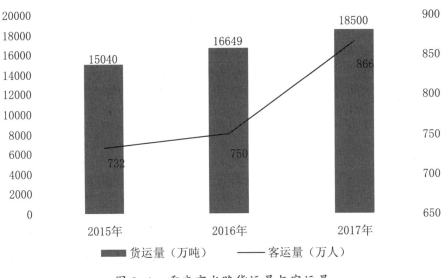

图 2-1 重庆市水路货运量与客运量

充分发挥黄金水道功能,加快解决三峡过坝能力不足的瓶颈问题,建议从四个方面入手。第一,加快推进三峡第二通道建设的前期工作。从长期看,三峡船闸通过能力挖潜空间有限,不能从根本上解决货运量增长与通过能力不足之间的矛盾。建议结合运输需求预测，统筹铁路、公路、水运等运输方式，在提出合理运输组织方案的前提下，加快推进三峡第二通道建设的前期工作。第二，进一步完善三峡航运基础设施，提高运行管理水平，挖掘三峡、葛洲坝船闸通过能力，以解燃眉之急。积极推进三峡和葛洲坝两坝间航道治理，加快完善三峡和葛洲坝船闸配套设施、快速检修装备、通航调度系统和安全监管设施，进一步提高通过三峡枢纽通航效率。加快推进船型标准化。加强三峡升船机建设与运行协调衔接工作。第三，加快推进沿江铁路货运、客运体系建设。建议沿江铁路重庆—武汉段实现客货分线，提升向东铁路通道能力；建设从重庆枢纽出线，沿长江至涪陵、万州、巫山至宜昌的沿江货运铁路；将现有重庆至利川、利川至宜昌铁路改为货运线；新规划建设宜昌至巫山客运专线连接郑万铁路。统筹规划区域综合运输体系，形成满足沿江经济社会发展要求的现代化运输体系。第四，加快推进万吨轮进入三峡库区的规划与建设工作。目前，只要荆江航道达到 4.5 米维护水深（即枯水期保证通航水位），则在汛期就有可能通航万吨轮。这样，在荆江新的通航运河未解决之前，重庆三峡库区可以实现季节性通航万吨轮。万吨轮江海直达的经济性已得到证明，现在武汉港开通了直航洋山港的万吨级班轮，出口货物不再经外高桥港中转，成本低、效率高。万吨轮进入三峡库区，直达涪陵，可通过万吨级江海直达班轮，把现在经长江下游港口中转的出口货物直接运达洋山、舟山及其他沿海口岸，再将这一优势与"渝新欧"铁路大通道连接起来，就会成为丝绸之路经济带和长江经济带的一个新支点，重庆"一带一路"和长江经济带联结点作用可以得到更好发挥。

三峡大坝

二 西部大开发重要战略支点

（一）什么是西部大开发重要战略支点

西部大开发是中华人民共和国中央政府的一项政策，原意是"把东部沿海地区的剩余经济发展能力，用以提高西部地区的经济和社会发展水平、巩固国防"。2000 年 1 月，国务院成立了国务院西部地区开发领导小组，由国务院总理朱镕基担任组长，副总理温家宝担任副组长。经过全国人民代表大会审议通过之后，国务院西部开发办于 2000 年 3 月正式开始运作。整个政策包括以下四个主要项目：西电东送、南水北调工程、西气东输和青藏铁路。中央政府确定主要关系西部开发全局的五大战略为：加快基础设施建设、加强生态环境保护和建设、调整产业结构、发展科学教育事业和加大改革开放力度。其中，应用"西部大开发"政策的有内蒙古、陕西、宁夏、甘肃、新疆、青海、西藏、重庆、四川、贵州、云南、广西等 11 个省区 1 个直辖市。此外，湖南湘西土家族苗族自治州和湖北恩施土家族苗族自治州也纳入"西部大开发"政策。

2016 年习近平总书记在重庆调研时指出，重庆是西部大开发的重要战略支点。重庆作为西部大开发重要战略支点的基本内涵和实现标准主要体现在如下几个方面：

1. 发挥九大优势

重庆在参与西部大开发中具有三个层面上的九大优势：

首先，从全国层面看，与东部地区相比，重庆拥有西部各省区（市）共有的三大优势。一是资源富集的优势。重庆拥有丰富的自然资源，可开发水能资源达 749.8 万千瓦；天然气已探明储量为 3200 亿立方米；三峡重庆库区长达 600 公里，库容淡水资源 393 亿立方米；矿产和生物资源丰富；旅游资源也得天独厚，为重庆在西部大开发中提供了资源保障和广阔的发展空间。二是巨大的市场潜力优势。重庆人口众多，幅员广大，消费水平相对偏低，市场潜力巨大。三峡工程库区移民和城镇工矿搬迁。大规模的基础设施建设、老工业基地的改造和升级，都将产生巨大的消费需求和投资需求，对国内外的投资者具有强大的吸引力。三是劳动力相对廉价的优势。相对东部地区和发达国家，重庆劳动力便宜，人力成本相对较低，有利于形成产品价格的竞争优势。

其次，从西部层面看，重庆拥有三大相对优势。一是科技教育优势。重庆现有25所高等院校、81所中等专业学校和23所成人高校；独立的科研和各类技术开发机构1000余所，各类专业技术人员近56万人；还有国家级的"重庆高新技术产业开发区"和"重庆经济技术开发区"。二是人才聚集优势。重庆是历史文化名城，长久以来，积累了大量优秀人才；在各科技教育机构里，集中了一批高素质人才和专门技术人才；成立直辖市以后，重庆的吸引力大幅提升，国内外不少有识之士纷纷来渝发展。三是产业技术优势。重庆工业基础雄厚，行业门类齐全，综合配套能力强。以国家级高新技术开发区和经济技术开发区为主体，电子信息、生物医药和环保产业等高新技术产业正在蓬勃兴起，对现有1400多亿元国有资产存量的重组将发挥巨大的推动作用。

最后，重庆自身还具有三大独特优势。一是中国西部唯一的直辖市，并且是长江上游最大的中心城市和西部地区最大的工商业重镇，经济基础较好，交通发达，基础设施较为完善，综合经济实力和对周边地区的辐射能力较强。二是拥有长江黄金水道和三峡库区开发的特殊优势。重庆是西部地区唯一拥有长江黄金水道的特大城市,并且处在三峡库区腹地。三峡大坝建设,库区百万移民及城镇、企业迁建,可以极大带动相关产业发展,促进产业结构调整;国家 29 个部委和 22 个省市的对口支援给库区带来了资金、技术、管理等要素资源;三峡工程完工以后,重庆在电力、水利、旅游和长江航运等方面的优势将进一步显现。三是重庆地处东部经济发达地区和西部资源富集地区的结合部,具有独特的区位优势。重庆是长江经济带和西部地区的结合点,有条件发挥在长江经济带中承东启西、左右传递的战略枢纽作用,营造互惠互利、共谋发展的区域经济协作新格局,在西部大开发中能够发挥"龙头"作用、"窗口"作用和辐射作用。

2. 把握五项原则

西部大开发是一项长期而艰巨的历史任务,又是一项规模宏大的系统工程。从重庆的实际情况来看,参与西部大开发,必须把握好以下五项原则:

第一,大开发需要思想大解放。实施西部大开发,是新时期、新形势下的新战略,必须进一步解放思想,转变观念,突破传统的发展模式,加快社会主义市场经济体制建设步伐,树立强烈的发展意识、创新意识,充分运用市场经济的新观点、新方法、新模式以解决发展中的新问题。

第二,大开发需要大开放。实施西部大开发,需要充分利用"两个市场、两种资源",以大开放促大开发,以大开发促大发展。通过大力引进人才、资金、战术和管理经验，推动西部地区的发展。特别是中国加入 WTO 以后，作为内陆开放口岸的重庆，必须顺应经济全球化潮流，增大开放度，在竞争中上水平，在开放中求发展。

第三，大开发需要大联合。西部大开发不是一省一市的战略，也不是一时一事的战略，而是关系国家大局的全国战略，重庆特别要加强与西部省市和东部地区之间的区域合作，走协同发展的道路，避免产业趋同和产生新的重复建设。

第四，大开发要以大城市为依托。西部各省区市经济和社会发展程度不一，差距很大，不可能齐头并进，需要以大城市为依托，同时把重点突破与全面推进结合起来，以点带面。重庆作为中国西部唯一的直辖市，在资金、信息、技术、人才、流通等方面具有较强的辐射力、吸引力和综合服务能力，在西部大开发中有较好的条件率先启动。

第五，大开发需要有大特色。重庆参与西部大开发，成功与否主要取决于自身优势的发挥程度，关键在于抓住特色资源做文章。因此在大开发中要依据重庆的优势和特点，因地制宜，培育发展特色产业，创造自己的名牌产品，形成经济优势。

3.搞好五个结合

具体来说，有如下几个方面：

第一，把西部开发与重庆面临的四大发展任务相结合，即在参与西部大开发过程中要搞好国有企业改革，振兴老工业基地；

加快农村经济发展；实施可持续发展战略，搞好生态环境保护和建设。

第二，自身努力和国家支持相结合。既要争取国家的大力扶持，更要通过改革开放和制度创新，增强自我发展能力。

第三，地区经济发展与全国经济一盘棋相结合。要面向全局，服从和服务于全局，使重庆的规划与国家关于西部大开发的整体战略规划相一致。

第四，近期工作与远期规划相结合。参与西部大开发既是重庆当前及今后一段时期统揽全局的工作，又是一项规模宏大的世纪性系统工程。既要规划长远目标，又要找准突破口以解决发展过程中的问题。

第五，政府行为与市场导向相结合。西部大开发需要政府引导和宏观调控，更需要按照市场规律办事，发挥市场配置资源的基础性作用，形成政府的引导符合市场法则，市场经济活动又在政府宏观引导下有序进行的良好机制。

4. 突出七项重点工作

从重庆的实际情况出发，在参与西部大开发中将突出抓好以下七项重点工作：

第一，加快基础设施建设。以公路特别是高速公路为重点，同时抓好机场、铁路、港口、地铁以及重庆信息港等重大项目建设，建成发达的立体综合交通体系、便捷的信息通信中心和完备的城市综合服务功能。

第二，加强生态环境保护和建设。以三峡库区和主城区为重点，围绕实施青山绿水工程和建设山水园林城市，大力推进植树造林、退耕还林还草、自然保护区建设以及长江上游水土流失重点防治等工程，使重庆成为中国西部地区可持续发展的示范区。

第三，大力调整经济结构。重庆是大工业、大农业并存，大城市、大农村同在，既要抓好工业结构调整，又要抓好农业结构调整，还要抓好一、二、三产业的协调发展，结构调整的任务十分繁重。在坚持市场导向的前提下，按照有进有退、有所为有所不为，比较效益与规模效益并重的原则统筹规划，推进技术进步，促进产业升级，提高市场竞争力。

第四，大力发展高新技术产业。一方面充分运用高新技术改造提升汽车摩托车、化工医药、机械、冶金等传统产业，使之成为全市经济发展的基础。另一方面大力发展电子信息、生物工程、环保工程、新材料及光机电一体化等高新技术产业，使之成为全市经济发展新的增长点。

第五，扩大对内对外开放。以建设优良发展环境为基础，加大招商引资、外引内联力度，加强与世界 500 强及国内著名企业的联系和对接。进一步扩大开放领域，深入开放金融、电信、保险、服务等领域。

第六，积极推进体制创新。一是加快培育市场微观主体，使企业真正成为富有生机与活力的自主开发主体。二是加快市场体系建设，推动资金、技术、人才等各类要素按市场规律合理流动。三是加快政府职能转变，建立完善社会保障体系，提高社会保障能力。

第七，加快城市化进程。根据重庆二元经济结构的特点，实行"大中小城市并举，侧重发展大城市和小城镇"的基本方针，完善和强化主城区综合服务、辐射功能，大力发展万州、涪陵等次一级区域经济中心，突出抓好覆盖全区域的中心城镇网络建设，加速农村劳动力向二、三产业和小城镇转移。

5.构筑三大经济高地

在西部大开发中重庆要发挥战略支撑、对外"窗口"和辐射带动三大功能，必须积极构筑三大经济高地。

第一，构筑长江经济带的西部增长极。长江经济带横贯中国东中西部，占国民经济总量的40%左右，沿岸自然条件优越，资源丰富，交通发达，是中国经济发展最具活力的地区之一。重庆作为长江经济带的"龙尾"，可以充分利用产业基础，通过加强资产重组、技术创新及结构调整等措施，成为长江经济带的西部增长极，与"龙头"上海互为呼应，带动沿江地区和西部地区经济发展，促进长江经济带的腾飞。

第二，构筑成渝经济发展高地。重庆和成都是中国西部地区经济相对集中和发达的大城市，历史上两地就有很强的经济联系。特别是成渝铁路、成渝高速公路沿线，分布着众多的中小城市，已具有产业发展密集带的雏形。充分利用成渝两地便捷的交通条件，发挥两地的辐射带动作用，加强沿线城市的密切协作，可以实现互相促进、优势互补、共同发展，使之成为中国大西南的核心经济圈，有力地带动西部地区的经济发展。

第三，构筑以长江上游最大高新技术产业基地为基础的中心城市发达经济圈。重庆拥有一批具有较高水平的高等院校和科研院所，科技人才集中，产业基础较好。在西部大开发中，要充分利用和发挥这些优势，大力发展高新技术产业，把重庆建设成为长江上游最大的高新技术产业基地。同时，以中心城市为依托，大力开发矿产、水能、旅游、农业等优势资源，带动三峡库区和周边地区的经济社会发展，形成一批聚散功能强的大、中、小城市群，组成以重庆主城区为核心、以高新技术产业为基础的发达经济圈。

根据《西部大开发"十三五"规划》（以下简称《规划》），重庆作为西部大开发的重要战略支点还体现在以下方面：第一，应充分发挥比较优势，在重庆着力推进创新试验，发挥创新集聚和示范引领作用，带动西部地区转变发展方式，调整经济结构，提升发展质量和效益。建设国家自主创新示范区，打造创新示范高地。第二，以绿色发展理念为指引，依据各地主体功能定位，合理确定空间开发强度，加强生态环境综合治理和国土综合整治，促进能源资源节约集约利用，把重点生态功能区、农产品主产区等建设成为全面建成小康社会的绿色发展引领区。优化创新资源富集区资源开发和利用模式，加强经济增长极等重点开发区域环境保护，实现可持续发展。在嘉陵江流域综合保护的开发中重庆应和四川南充一起先行先试。第三,深入推进内陆地区开发开放。着力打造重庆西部开发开放的重要战略支撑,加快国家级新区重庆两江新区的发展,支持重庆国际物流港等功能区的发展,推动中国—新加坡(重庆)战略性互联互通示范项目建设。第四,实施重大生态工程。继续在重庆岩溶石漠化地区开展石漠化治理,恢复林草植被,封山育林,人工造林。第五,积极参与和融入"一带一路"建设。总结推广重庆等地中欧班列建设经验,统一规划建设通道路径和枢纽节点,打造具有国际竞争力和信誉度的知名物流品牌。第六,提升区域间互动合作水平。推动重庆与成都、西安、贵阳、昆明等其他西部地区中心城市的经济协作,并探索合作机制。支持重庆綦江、万盛和贵州遵义开展渝黔合作先行区建设。第七,培育多层次开放合作机制。充分发挥公共外交、民间外交、地方交往等多种交流形式作用,完善西部地区对外交流合作体系。充分发挥国家级展会中国(重庆)国际投资暨全球采购会的作用。第八,提升铁路路网密度和干线等级。开工建设重庆至昆明、重庆至西安等重大铁路项目。第九,加快民用航空发展。建成重庆机场三期改扩建工程,逐步提升重庆江北国际机场的国际枢纽功能和竞争力。完成重庆机场航站区及第三跑道建设工程;研究建设重庆机场第四跑道;改扩建万州、黔江等机场;建成巫山、武隆等一批支线机场。第十,加强河流航道和沿海港口建设。促进内河港口规模化、集约化、现代化发展,加快重庆长江上游航运中心建设。以重庆港等港口为重点，加强港口集疏运体系建设，积极发展多式联运，更好支撑沿江经济与产业发展。第十一，优化能源基础设施布局。坚持统一规划、有序实施、能源输出与就地消纳并举，合理安排西部地区能源基础设施建设，实施毕节—重庆的输电通道建设。第十二，促进战略性新兴产业突破发展。培育符合西部地区实际的新一代信息技术、高端装备、新材料、新能源、生物医药等战略性新兴产业，形成新的主导产业。支持重庆电子信息产业集聚发展，研究在有条件的地区建设中外创新产业合作平台。新能源方面，建设重庆生物质能源研发生产基地和页岩气生产、页岩气装备制造与油田服务基地；新能源汽车方面，建设重庆新能源及智能汽车基地；节能环保方面，建设重庆环保安全成套装备生产基地；新一代信息技术方面，建设重庆电子信息产业基地；生物医药方面，建设重庆生物医药产业基地；新材料方面，建设重庆铝镁锂轻合金材料基地；高端装备方面，建设重庆轨道交通、智能制造、仪器仪表、航空产业基地，重庆高技术船舶产业基地。第十三，推动中小城市和小城镇健康发展。建设包括重庆市武隆区仙女山镇在内的旅游休闲型城镇，重庆市江津区四屏镇在内的健康疗养型城镇，重庆市江北区寸滩街道在内的商贸物流型城镇，重庆市沙坪坝区虎溪街道在内的科技教育型城镇，重庆市奉节县白帝镇在内的文化民俗型城镇，重庆市九龙坡区西彭镇在内的特色制造型城镇和重庆市涪陵区焦石镇在内的能矿资源型城镇。

特别是，重庆作为西部大开发的重要战略支点，其立体交通大格局具有重大战略意义：打造重点铁路工程、机场第四跑道纳入研究、加快长江上游航运中心建设等。《规划》明确将西部地区铁路建设作为全国铁路建设的重点，加快推进干线铁路、高速铁路、城际铁路、开发性新线和枢纽站场建设，强化既有线路扩能改造，促进西部高速铁路成网、干线铁路升级、全网密度加大、运营提质增效。在联系东中部通道中规划了沿江通道——建设郑州至万州高速铁路，形成沿江新的高速铁路通道；西南出海通道中，将加快渝怀等铁路扩能。在沟通南北方通道中的西部南北通道建设上，开工建设重庆至昆明等铁路。西安至重庆铁路开工建设也被列入重大铁路项目。

"十三五"期间，国家明确加强西部地区枢纽机场扩容改造。对于重庆而言，逐步提升重庆江北国际机场的国际枢纽功能和竞争力，并将改扩建万州、黔江等机场。《规划》明确，将研究建设重庆机场第四跑道。除了基础建设外，《规划》表示将完善国内航线布局，增辟西部主要城市东向航线，增加航班密度，打造沪渝等空中大通道。

在水运交通建设上，位于长江上游的重庆也被赋予了多项功能。"十三五"期间，国家全面加快长江黄金水道和西江、澜沧江等航道建设，积极推进长江干线及乌江、嘉陵江等重要支线航道治理：开展宜宾至重庆段、涪陵至朝天门至九龙坡段航道治理，整治三峡库尾及库区支流航道。《规划》明确，促进内河港口规模化、集约化、现代化发展，加快重庆长江上游航运中心建设。以重庆港等港口为重点，加强港口集疏运体系建设，积极发展多式联运，更好支撑沿江经济与产业发展。

链接 ////

我国实施的西部大开发战略迈出实质性步伐

今年（2016 年）是青藏铁路通车 10 周年。原本在西藏那曲县家乡放牧的洛桑赤列，瞅准青藏铁路开通后蜂拥而至的游客商机，组织 105 户村民成立牧业合作社。如今，这个合作社年销售收入已超过 300 万元，去年入股的村民每股分红 1.4 万元。青藏铁路是我国西部大开发的标志性重点工程之一。洛桑赤列和村民们的创业史，更是西部大开发让西部贫困地区脱贫致富的缩影。……同年（2000 年），我国实施的西部大开发战略迈出实质性步伐，青藏铁路全线开工，西部退耕还林还草工程等重点工程陆续开工，涵盖基础设施建设、产业结构、生态保护、科技教育和民生多个方面。……西部群众从西部大开发中得到巨大实惠。在西藏，像洛桑赤列一样积极参与旅游业的群众达 32 万人，其中农牧民群众近 10 万人，人均年收入过万元。

资料来源：《西部大开发：西部地区"后发赶超"的助推器》；作者：连振祥

（二）重庆西部大开发重要战略支点建设现状如何

1. 重庆在西部大开发中综合实力的提升

实践证明，西部大开发战略有力地改变了西部地区贫穷落后的面貌，使西部地区各族群众实实在在地分享到了改革发展的丰硕成果。正是西部地区的迅速崛起，有效地扩大了内需，有效地缓解了资源瓶颈，有效地改善了民生，为我们赢得了全局和战略上的主动。西部大开发已经成为一项民心工程、德政工程，得到了各族群众的衷心拥护。新形势下，深入实施西部大开发战略，拓展新的发展空间，将成为保持国民经济持续健康发展的重要支撑。十八大以来，重庆市经济实力稳步提升，基础设施建设取得新进展，公共服务水平和能力逐年提高，扶贫攻坚取得重大突破，开放发展格局呈现新气象，生态文明建设成效明显。

十八大以来，重庆市经济保持了发展态势，经济实力稳步提升，经济活力、动力和潜力不断释放。具体表现在如下方面：

经济实力稳步提升。根据重庆市 2018 年前三季度的统计数据，重庆实现地区生产总值 14773.30 亿元，按可比价格计算，同比增长 6.3%。分产业看，第一产业实现增加值 959.67 亿元，增长 4.3%；第二产业实现增加值 5842.75 亿元，增长 3.7%；第三产业实现增加值 7970.88 亿元，增长 8.9%。

工业经济转型调整，新兴制造业贡献突出。2018 年前三季度，重庆市规模以上工业增加值按可比价格计算同比增长 1.6%。其中，战略性新兴制造业增加值增长 15.8%，对规模以上工业增长的贡献率为 128.1%，是拉动工业经济增长的主要动力。其中，新一代信息技术产业、生物产业、新材料产业、节能环保产业、高端装备制造产业、新能源汽车产业、数字创意产业分别增长 28.1%、11.3%、6.2%、4.4%、14.1%、0.4% 和 10.1%。新产品产量实现较快增长，其中新能源汽车增长 1.9 倍、工业机器人增长 67.2%、智能手机增长 67.5%、液晶显示屏增长 53.4%、医疗仪器设备及器械增长 52.5%。

服务业新经济蓬勃发展。2018 年 1—8 月，重庆市规模以上服务业实现营业收入同比增长 13.1%。其中，科技服务业快速发展，1—8 月，规模以上科技服务业企业营业收入同比增长 23.6%。大数据应用发展势头良好，规模以上互联网信息服务、互联网数据服务企业实现较快发展，营业收入同比增长 35.7% 和 88.3%。物联网产业发展展现活力，相关规模以上服务业企业营业收入同比增长 17.0%。

市场销售稳定增长，网上消费繁荣发展。2018 年前三季度，重庆市社会消费品零售总额同比增长 9.5%。按经营单位所在地分，城镇消费品零售额增长 9.4%；乡村消费品零售额增长 11.8%。从消费形态看，商品零售增长 9.1%，餐饮收入增长 11.9%。全市限额以上法人企业网上零售额增长 37.4%，增速较去年同期加快 7.0 个百分点，占限额以上企业商品零售额的比重为 7.5%，较去年同期提高 0.8 个百分点。无店铺零售同比增长 24.6%，比有店铺零售高 16.6 个百分点。其中，网上商店增长

33.4%、邮购增长 29.4%。

固定资产投资平稳上升。2018 年前三季度，重庆市固定资产投资同比增长 7.2%。其中，国有投资增长 7.1%，民间投资增长 10.8%。分产业看，第一产业投资下降 22.6%，第二产业投资增长 2.6%，第三产业投资增长 9.8%。从分板块看，基础设施投资增长 14.7%，工业投资增长 2.5%，房地产开发投资增长 8.8%。

对外贸易持续增长，开放发展格局呈现新气象。2018 年前三季度，重庆市进出口总值 3687.03 亿元，同比增长 13.9%。其中，出口 2354.13 亿元，增长 16.2%；进口 1332.90 亿元，增长 10.0%。全市加工贸易进出口额 1832.29 亿元，增长 25.3%，占全市进出口总额的 49.7%；一般贸易进出口额 1386.61 亿元，增长 5.0%，占全市进出口总额的比重为 37.6%；机电产品出口 2080.71 亿元，增长 17.8%，占全市出口额的 88.4%；高新技术产品出口 1597.98 亿元，增长 19.1%。2016 年 5 月，国务院批复 12 个地区开展为期两年的构建开放型经济新体制综合试点试验，其中就包括重庆两江新区作为试点地区。2017 年，为扩大开放和加快推进"一带一路"建设、深入推进西部大开发，国务院批准重庆自由贸易试验区总体方案。2017 年，中国—新加坡南向通道正式开通，形成"一带一路"经西部地区的一个完整环线。

财政收入平稳增长，居民收入稳步提升。2018 年前三季度，重庆市一般公共预算收入完成 1746.7 亿元，同比增长 0.8%。其中，税收收入 1213.5 亿元，增长 11.1%。前三季度，重庆全体居民人均可支配收入 20180 元，同比增长 9.3%。其中，城镇常住居民人均可支配收入 26925 元，增长 8.4%；农村常住居民人均可支配收入 10367 元，增长 8.9%。

总的来说，中国正在实施的西部大开发战略，是重庆在改革开放和经济社会发展关键时期的又一次历史性机遇，为重庆综合实力的提升带来了六大有利因素：第一，有助于重庆构筑西部地区功能最为完善的基础设施体系，进一步强化重庆作为长江上游经济中心的综合功能，增强其辐射带动作用；第二，极大地推进了以三峡库区为重点的生态环境建设，推动三峡库区开发性移民的顺利实施和库区经济社会发展；第三，极大地促进了重庆产业结构调整和生产力合理布局，加快国有企业改革和老工业基地振兴，实现重庆经济新的腾飞；第四，加快了重庆科技教育发展，进一步促进了科教兴渝战略的实施，有利于把重庆建设成为西部科技创新和人才培育的基地；第五，有力地促进了重庆加快改革开放进程，加快建立社会主义市场经济体制，吸引生产要素向西部集聚；第六，进一步加强了重庆与西部各省区、东部地区和长江沿江各省市的经济合作，在联合协作、优势互补中加速发展。

2. 重庆在西部大开发中辐射带动力的提升

辐射带动力是辐射力和带动力的总称。辐射力意指某一地区与其相关地区之间的竞争、合作关系，强调中心地区对周边地区的综合影响力尤其是经济领域的影响。带动力强调某一地区带动周边地区实现发展的能力，尤其是中心地区产业通过与周边地区其他产业之间的前向、后向、旁侧关联，带动区域产业实现共同成长和发展的能力。在《西部大开发"十二五"规划》中，明确要求充分发挥"重庆直辖市的辐射带动作用，全面提升城市综合承载能力，有序全面提升城市综合承载能力，有序扩大人口规模，全面提升经济实力和现代化水平"。

辐射带动力是区域协同发展的核心要义和关键环节。"十三五"规划把促进区域协调发展摆在非常重要的位置，明确指出"深入实施西部开发、东北振兴、中部崛起和东部率先的区域发展总体战略，创新区域发展政策，完善区域发展机制，促进区域协调、协同、共同发展，努力缩小区域发展差距"；要"以区域发展总体战略为基础，以'一带一路'建设、京津冀协同发展、长江经济带发展为引领，形成沿海沿江沿线经济带为主的纵向横向经济轴带，塑造要素有序自由流动、主体功能约束有效、基本公共服务均等、资源环境可承载的区域协调发展新格局"。

作为我国四个直辖市之一、国家历史文化名城、长江上游经济中心、国家重要的现代制造业基地、西南地区综合交通枢纽，重庆牢牢把握党的十九大报告提出的"优化区域开放布局，加大西部开放力度""推动形成全面开放新格局""强化举措推进西部大开发形成新格局"重大历史机遇，充分发挥自身优势，积极主动参与和融入国家战略，竞争实力日益提升，发展潜力逐步释放，辐射带动能力不断增强。主要表现在以下六个方面：

一是构建便捷畅通开放通道，编织陆水空三维一体的便捷交通网。全市已建设形成八条干线 2500 公里的铁路网、三个环线十二条射线 3000 公里的高速公路网、一条干流两条支流 1400 公里的高等级航运网、218 条国内和 72 条国际（地区）空中航线网，打通了"渝新欧"国际铁路、南向铁海联运、长江江海联运等三大国际贸易物流大通道，并实现常态化运行。

二是推进壮大对外开放平台。拥有两江新区 1 个国家级新区、重庆自贸试验区和中新示范项目 2 个开放平台、7 个国家级高新技术及经济技术开发区、7 个海关特殊监管区域等载体（6 个海关特殊监管区或保税监管场所，1 个国家检验检疫综合改革试验区）。其中两路寸滩保税港区及 4 个国家指定进口口岸开放

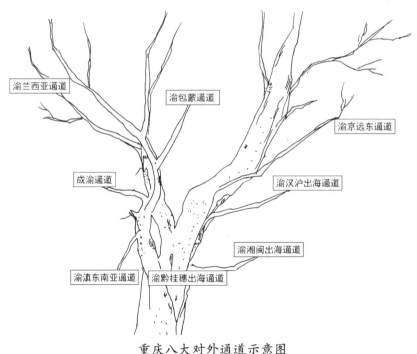

重庆八大对外通道示意图

功能加快释放，外贸进出口额位列同类保税港区第二位。两江新区开放型经济新体制试点取得成效，改善营商环境经验在全国复制推广；重庆自贸试验区建设在行政审批、国际商事仲裁、自由贸易、物流金融等大力推进机制和政策创新；中国新加坡互联互通示范项目有序推进，成立了千亿级中新互联互通股权投资基金。

三是加快集聚高端产业高端要素，布局发展战略性新兴产业。汽车、电子信息、装备制造三大优势主导产业转型升级，并以智能制造、集成电路、生物医药等新兴产业为重点，策划推动园区合作共建。战略性新产业和高技术产业呈两位数快速增长，服务业发展能级不断提高。新兴金融、跨境电商、保税贸易等战略性新兴服务业快速发展，服务业占 GDP 的比重提高到 50.7%。创新发展水平快速提升。数字经济产业园起势良好，形成以照母山科技创新生态城和水土高新城为核心的重要创新基地。

四是积极拥抱智能时代，布局大数据领域，赋能实体经济，利用"大数据+"重塑产业优势。2018 年 3 月 6 日，《重庆市以大数据智能化为引领的创新驱动发展战略行动计划（2018—2020年）》正式发布。到 2020 年，重庆市大数据智能化创新驱动引领发展作用将显著提升，智能产业体系基本建成，大数据智能化应用更加广泛深入，基本建成国家重要的智能产业基地和全国一流的大数据智能化应用示范之城，打造数字经济先行示范区。

五是集聚各种要素、破解发展瓶颈，持续完善区域合作新机制。2016 年，组织召开首届长江上游地区省际协商合作联席会议，会议审议通过《长江上游地区省际协商合作机制实施细则》，四省市人民政府联合印发实施生态环境联防联控、基础设施互联互通、公共服务共建共享等 3 个年度重点工作方案，标志着联席会议从协商沟通向务实合作迈出重要步伐。务实推进与四川省合作构建成渝经济区和成渝城市群一体化发展。2017 年成渝城市群实现地区生产总值 5.09 万亿元，同比增长 10.8%，占全国比重达到 6.2%。2017 年，推动签署渝桂黔陇四地《关于合作共建中新互联互通项目南向通道的框架协议》和《关于支持推进中新互联互通项目南向通道建设合作备忘录》，合力推动体制机制和政策创新，着力构建西部地区开发开放新格局。

六是国内重要功能性金融中心建设全面提速。围绕强化金融功能，通过深化金融改革、开放和创新，金融资源集聚辐射能力不断增强，服务实体经济能力进一步提升，初步建成门类齐全、结构合理、运行高效、安全稳健的金融机构体系。截至 2018 年 6 月，金融业增加值占地区生产总值的比重超过 8%。金融结算功能不断增强，离岸金融结算、跨境人民币结算、跨国公司总部结算、跨境电子商务支付结算、金融要素市场结算等金融结算加快发展。稳步推进投融资便利化，获得全国首批开展外资股权投资基金试点资格，引进全国首家跨境人民币基金，成为中西部唯一跨境贸易电子商务服务、外汇支付"双试点"城市。

3.重庆在西部大开发中生态竞争力的提升

建设生态文明是关系人民福祉、关乎民族未来的大计，是实现中华民族伟大复兴的中国梦的重要内容。习近平总书记指出："我们既要绿水青山，也要金山银山。宁要绿水青山，不要金山银山，而且绿水青山就是金山银山。"党的十八届五中全会提出"绿色发展"理念，强调追求人与自然和谐，着眼点是要守住发展的基础和底线、保证可持续的生态竞争力，协同推进人民富裕、国家富强、中国美丽。从"求生存"到"求生态"，从"盼温饱"到"盼环保"，人民群众的清新空气、干净饮水、安全食品、优美环境等生态需求日益迫切。与之呼应，绿色发展正是"绿水青山就是金山银山"的发展，正是"经济要上台阶，生态文明也要上台阶"的发展，正是"生产发展、生活富裕、生态良好"的发展。

生态兴则文明兴，生态衰则文明衰。古今中外，这方面的事例很多。恩格斯在《自然辩证法》一书中写道，"美索不达米亚、希腊、小亚细亚以及其他各地的居民，为了得到耕地，毁灭了森林，但是他们做梦也想不到，这些地方今天竟因此而成为了不毛之地"。对此，他深刻指出："我们不要过分陶醉于我们人类对自然界的胜利。对于每一次这样的胜利，自然界都对我们进行报复。"党的十八大以来，党和政府更加重视生态文明建设。习近平总书记强调："环境就是民生，青山就是美丽，蓝天也是幸福。要像保护眼睛一样保护生态环境，像对待生命一样对待生态环境，把不损害生态环境作为发展的底线。"这正是因为把握了"生态兴则文明兴，生态衰则文明衰"的发展规律，认清了生态环保"功在当代、利在千秋"的历史责任。从首次将生态文明纳入"五位一体"总布局,到出台生态文明体制改革总体方案,接着将绿色提升为发展理念,再到十九大报告中要求"加快生态文明体制改革,建设美丽中国",中国的现代化迈向一个崭新的绿色现代化。"蓝天白云、青山绿水是长远发展的最大本钱。良好的生态环境本身就是生产力,就是发展后劲,也是一个地区的核心竞争力。"

重庆多山地、丘陵,内部地质地貌复杂,土层偏薄,石灰岩层较多,水土流失、石漠化面积扩大,生态脆弱。境内温暖湿润,水量丰富,长江自西向东穿区而过,其干流长度在境内为708.8千米,占长江干流总长度的11.2%。

近年来重庆不断增强责任担当意识,全面贯彻落实新发展理念,在生态文明建设与绿色发展方面下足功夫。生态竞争力获得长驱发展,生态环境质量明显改善。主要体现在以下八个方面:

一是推进工业绿色转型。加大供给侧结构性改革力度,逐步淘汰钢铁、烧结砖瓦窑等落后和过剩产能。2016年,去除24户企业粗钢516.75万吨、生铁10.8万吨的冶炼能力,提前完成年度目标任务。2017年,按照"四个彻底"(彻底拆除中频炉主体设备、彻底拆除变压器、彻底切割掉除尘罩、彻底拆除操作平台及轨道)对20户"地条钢"企业生产设备进行了拆除废毁,去除产能289.17万吨。同时,加快发展战略性新兴产业和现代服务业,2017年第三产业增加值比重提高0.8个百分点,占比49%,

战略性新兴制造业增加值增长 25.7%；严格控制高耗能行业过快发展，规模以上六大高耗能行业能耗占规模以上工业总能耗比重持续下降。

二是发展现代生态农业。加快转变农业发展方式。进一步推进无公害农产品、绿色产品、有机农产品和地理标志产品生产基地建设，大力推进"互联网+"农林业建设。截至 2018 年 6 月，全市共计新增农业物联网等智慧农业生产基地或主体超过 100 个，物联网等智慧农业信息新技术应用比例同比上年增长超过 30%。推行化肥农药减量化。2017 年全市化肥施用量 95.5 万吨，比上年减少了 0.7%，利用率达到 36.5%，已达到 2020 年规划目标。加强农业废弃物资源化利用。出台了《重庆市"十三五"秸秆综合利用实施方案》，明确秸秆综合利用的原则和目标，逐步建立完善的秸秆还田、收集、运输社会化服务体系和秸秆综合利用长效机制。

三是发展绿色服务业。大力发展生态旅游。强化全市旅游规划、旅游项目的环境影响评价工作，将环境影响评价作为旅游规划通过的前置条件。积极推进生态旅游区创建，成功推出了一批生态旅游精品景区。武隆天生三桥—仙女山、江津四面山、南川金佛山、巫山小三峡—小小三峡等相继成功创建国家级生态旅游示范区。武隆仙女山、巫山小三峡、南川金佛山、江津四面山等国家自然保护区、森林公园、风景名胜区成功创建国家 5A 级旅游景区。促进商贸餐饮业绿色转型。推动大型商场、餐饮酒店使用节能、节水设备和技术，打造了新世纪百货等一批公共建筑绿色化改造示范项目。大力发展绿色物流。鼓励企业全面推广电子运单，推广使用环保材料。完成仓储物流设施设备标准化建设改造，逐渐提升机械化水平。推进智慧物流配送建设，确定6个企业建设智慧物流配送示范，探索和应用智能仓库、无人分拣等，促进物流机械化、自动化、无人化、智能化发展。

四是持续推进能源节约。截至2018年6月底，单位地区生产总值能耗下降14.5%，基本上达到了"十三五"规划中单位地区生产总值能耗降低15%的目标。在工业节能方面，完成钢铁、水泥、电解铝、平板玻璃等4个行业能耗达标节能监察，继续推进燃煤工业锅炉能效提升、高耗能落后机电设备淘汰。在建筑节能方面，截至2018年6月，完成公共建筑节能改造340万平方米，整体节能率达到22%以上。截至2018年6月，新建城镇建筑执行绿色建筑标准的比例已达到67.16%，提前3年超额完成国家要求的到2020年底执行比例达到50%的考核目标。在交通运输节能方面，截至2018年6月，全市CNG公交车累计达到9169辆，CNG出租车累计达到23100辆，新能源营运车累计（包括纯电动、插电式混动）达到3208辆（含公交、出租）。在公共机构节能方面，"十三五"期间完成39家国家节约型公共机构示范单位创建工作，遴选出20家市级能效领跑者，完成8家国家能效领跑者创建。

五是水资源利用效率不断提高。在农业节水方面，持续在巴南、江津、万州等 10 个区县开展墒情定位监测。截至 2018 年 6 月，全市累计完成高效节水灌溉面积 25.41 万亩。在工业节水方面，截至 2018 年 6 月，完成 68 个工业产品用水定额复核修订工作及火电、钢铁、造纸、纺织等 4 个高耗水行业节水型企业创建。在建设节水型城市方面，印发了《关于加强再生水利用工作的通知》《关于进一步加强城市供水管网漏损控制的通知》《关于加强城市节水工作的通知》，启动《重庆市城市供水节水管理条例》的修订工作。对 82.59 万户老旧居民住宅庭院供水管网及其附属设施实施了改造，共计完成老旧管网改造 222 公里；加大全市节水型公共机构建设工作力度。

六是环境安全风险防范加强。在环境风险防控和应急处置方面，印发了《全市企业环境安全主体责任实施意见》《突发环境事件风险隐患排查暂行办法》等 11 大类 30 余项制度。截至 2018 年上半年，全市累计编制备案突发环境事件风险评估报告 1727 个（其中属重大风险等级 128 个，较大风险等级 2 个，一般风险等级 851 个）。在危险化学品风险防控方面，筛选出 360 家化学品生产使用企业进行调查，生产使用化学品种类 1585 种，生产化学品 1362.6 万吨，使用化学品 619.8 万吨，涉及环境激素类化学品生产使用企业 140 家，涉及环境激素类化学品种类有 73 种。四个重点行业二恶英单位产量（处理量）排放强度削减率为 45.9%，已识别含多氯联苯电力电容设备下线率为 100%，已识别杀虫剂废物处置率为 100%，已识别杀虫剂类污染场地无害化管理率为 100%。在重金属污染防治方面，先后制定了《重庆市电镀企业生产经营过程环境保护守法导则》《重庆市电镀企业环境保护技术指导意见》《重庆市电镀行业污染综合整治技术指南》等法规。严格重点重金属项目总量审批，未取得重点重金属总量指标项目不予审批其环评。全面推进全市重金属企业环保标准化达标整治。大足区、巴南区、秀山县等 3 个重金属污染防控重点区域编制印发实施了《重金属污染综合防治工作实施方案》。启动重庆市危险废物应急处置机制。目前已完成第一批 24 家重点单位危险废物精细化管理试点。完成两江新区、渝北区等 18 个区县的 105 家企业危险废物规范化督查考核。

七是加强生态保护和修复。生态空间格局不断优化，《重庆市生态保护红线划定方案》于 2017 年 11 月通过环保部、国家发展改革委组织的技术审核，已经获得国务院同意。已完成国家生态保护红线监管平台安装部署，正开展平台试点应用。开展生态保护红线环境负面清单试点。完成《重庆市主城区"多规合一"方案》。搭建了"多规合一"信息共享管理平台。深化重要生态功能区保护和管理，大力加强生物性多样性保护。2018 年上半年，森林覆盖率已达 45.4%，基本达到"十三五"规划中全市森林覆盖率 46% 的目标。建立生态环境监测与减灾防灾的生态安全保障机制。

八是建立健全生态文明制度。在自然资源用途管制制度方面，编制《重庆市国土规划》，调整完善土地利用总体规划，严守永久基本农田、生态保护红线、城镇开发边界三条控制线。在生态环境经济政策和市场化机制方面，全面推开资源税从价计征改革。落实高耗能、高污染产品消费税政策。实施环境保护费改税。生态文明建设目标评价考核、污染物排放许可、环境信息公布、生态环境损害责任终身追究、生态环境损害赔偿等制度得到进一步完善。

（三）重庆如何进一步推动西部大开发重要战略支点建设

1. 充分发挥桥梁纽带和辐射作用，协同推进区域均衡共享发展

2016 年年初，习近平总书记来渝视察时指出："重庆作为我国中西部地区唯一的直辖市，区位优势突出，战略地位重要，是西部大开发的重要战略支点，处在'一带一路'和长江经济带的联结点上，在国家区域发展和对外开放格局中具有独特而重要的作用。"按照"两点"定位的要求，积极打造重庆作为西部大开发的重要战略支点，探索可复制、辐射带动力强的内陆开放经济模式，与西部其他地区共享开放资源，促使西部大开发战略朝纵深方向推进、向均衡化方向发展。重庆应当发挥两大作用：一是辐射作用。通过强化自身综合实力，辐射周边广大地区，使重庆在西部大开发中把促进和带动西南地区和长江上游地区经济、社会发展的作用发挥出来。二是桥梁作用。利用重庆"承东启西、左右传递"的区位优势，通过长江经济带建设和实施西部大开发这两大战略的融合，使重庆成为长江经济带向大西部延伸的桥梁

和纽带。需要从以下五个方面着力：

一是加快本地区基础设施互联互通。统筹推进重大基础设施建设，加强与毗邻省份间的沟通协调，加快铁路、高等级公路、长江黄金水道等交通干线建设，优先打通缺失路段，畅通瓶颈路段，提升道路通达水平，构筑紧密协作、高效便捷、互联互通的综合交通运输网络。加强能源基础设施建设的区域合作，支持合作共建重要的支撑电源点，加强区域电源与电网联网建设，完善油气输送管道网络，提高能源保障能力。加强跨区域水利基础设施建设，建设综合防洪、抗旱、减灾体系，提高水利保障能力。促进信息网络设施共建，优化省际骨干网络，推进网络基础设施升级。在铁路、公路、水运、航空等交通枢纽建设多式联运物流监控中心，创新多式联运监管体系，发展江河、铁水、陆航等多式联运。

二是调整优化产业结构。经济结构不合理，是西部省、区、市共同的突出矛盾。改变这种状况，是各地在西部大开发中形成产业优势和区域经济优势的根本举措。根据重庆的资源特点和发展基础，按照"二、三、一"产业次序，大力优化经济结构。第二产业坚持产业转移与技术创新相结合，以汽车和摩托车、优质钢铝材、天然气化工和优质化工、电子信息等技术密集型产业为支柱，建成一批具有一定经济规模的现代通信、微电子、光电子、新型材料、生物技术与制药、计算机及软件、环保技术等高新技术企业。抓住机遇，乘势而为，继续大力发展大数据、云计算、物联网、智能制造等战略型新兴产业。第三产业以发展金融、商贸、旅游、服务、信息、中介等产业为重点，形成长江上游和西南地区金融中心、商贸中心和科教信息中心。第一产业以发展"三高"农业和增加农民收入为主线，调整农村产业结构、产品结构和劳动力结构，不断提高农业产业化、商品化和农村经济现代化水平。调整区域生产力布局和区域经济结构。主城区重点发展高新技术产业和第三产业，近郊区重点发展为城市服务的卫星城经济，三峡库区以建设沿江经济带为主要任务，少数民族地区重点抓好山区综合开发。

三是加强区域间产业对接协作。根据重庆的资源特点、区位优势与发展基础，进一步优化产业空间布局，支持建立区域产业链条上下游联动机制，促进产业组团式承接和集群式发展。积极推进区域协同创新，支撑引领区域产业协调发展。坚持绿色发展，根据资源环境承载力优化产业布局，调控发展规模，推动转型升级。坚持市场导向，尊重企业在产业转移中的主体地位。结合自身比较优势，在落实国家各项支持政策的同时，自行出台配套政策措施，积极吸纳和承接东部产业来渝落户，推动重点产业布局调整和地区产业结构优化升级。支持发展"飞地经济"，鼓励下辖各地通过委托管理、投资合作、共同组建公司管理园区等多种形式合作共建各类园区。

四是大力实施创新驱动战略，推动区域间科技合作与协同创新。加强宣传引导和政策扶持，支持各类人才创新创业，营造支持创新、包容失败的社会氛围。打造鼓励创新创业的最优环境。完善科技创新体系，强化政府公共科技服务能力，形成支撑引领重大产业发展的资源配置机制、以企业为主体的政产学研协同创新机制，促进科技成果研发和落地转化。鼓励引导本地区参与区域间创新要素的对接流动。推动辖内企业、高等学校、科研院所跨区域开展产学研合作、共建创新平台基地，实现互利共赢发展。推动国家自主创新示范区、高新区、农业科技园区等建设，加强与东部沿海发达省份对接合作，发挥各自比较优势，共建科技园区。支持区域间合作共建技术转移中心、成果转化基金，加快技术转移和成果转化。推动本地区与其他区域间围绕生态建设、环境治理、医疗健康及产业发展等问题，开展联合攻关，共享创新成果。与东部地区合作创新，积极探索西部欠发达地区创新驱动发展新路径。

五是利用各类合作平台加大外引内联、扩大开放的力度。以大开放促大开发，以大开发促大发展。支持依托国家级新区、国家综合配套改革试验区、自由贸易试验区、产城融合示范区等功能平台，积极探索有利于加强区域合作的新模式、新路径，深化对内对外开放合作。顺应"互联网+"发展趋势，依托大数据、云计算、物联网等信息产业平台，用"互联网+"思维为实体经济赋能。进一步完善与港澳台侨合作平台建设，深化与港澳台地区的合作。借助中新（重庆）战略性互联互通示范项目契机，进一步推进合作的深度和广度，激发内陆发展潜能，为西部地区发展注入新动力。依托"一带一路"和长江经济带联结点以及渝新欧国际铁路物流大通道始发站的地理优势,推进与沿线国家(地区)交流合作。营造良好的投资软、硬环境,千方百计吸引外资,重点吸引世界500强及知名跨国企业来渝投资兴业落户。

2. 三轮齐驱持续塑造生态竞争优势,为绿色发展注入新动能

大自然是一个相互依存、相互影响的系统。比如,山水林田湖是一个生命共同体,人的命脉在田,田的命脉在水,水的命脉在山,山的命脉在土,土的命脉在树。如果种树的只管种树、治水的只管治水、护田的单纯护田,很容易顾此失彼,最终造成生态的系统性破坏。习近平总书记强调,环境治理是一个系统工程,必须作为重大民生实事紧紧抓在手上。要按照系统工程的思路,抓好生态文明建设重点任务的落实,切实把能源资源保障好,把环境污染治理好,把生态环境建设好,为人民群众创造良好生产生活环境。健康的生态环境是一种有利自然资源,也是体现区域竞争力的重要因素和核心载体。进一步提升重庆在西部大开发中的生态竞争力,使经济与生态良性互动、相得益彰,这就要求在思想上行动上制度上统筹着力。

在思想上,牢固树立生态红线观念。生态红线就是国家生态安全的底线和生命线,这个红线不能突破,一旦突破必将危及生态安全、人民生产生活和区域可持续发展。习近平总书记强调:"在生态环境保护问题上,就是要不能越雷池一步,否则就应该

受到惩罚。"要设定并严守资源消耗上限、环境质量底线、生态保护红线，将各类开发活动限制在区域资源环境承载能力之内。对于生态保护红线，要一体遵行，决不能逾越，确保生态功能不降低、面积不减少、性质不改变。

在行动上，一是优化域内国土空间开发格局。加快实施主体功能区战略，以主体功能区规划为基础统筹各类空间性规划，推进"多规合一"。加快完善主体功能区政策体系，实行差异化绩效考核，推动各区县依据主体功能区定位发展，严格实施环境功能区划，构建科学合理的城镇化推进格局、农业发展格局、生态安全格局，保障国家和区域生态安全，提高生态服务功能。二是全面促进资源节约。对生态环境的破坏，主要来自对资源的过度开发、粗放利用。建设生态文明必须从资源使用这个源头抓起，把节约资源作为根本之策。树立节约集约循环利用的资源观，推动资源利用方式根本转变，加强全过程节约管理，实行能源和水资源消耗、建设用地等总量和强度双控行动，大幅提高资源利用综合效益。推进能源消费革命，全面推动能源节约，确保国家能源安全，有效控制温室气体排放，加强水源地保护，推进水循环利用。严格保护耕地特别是基本农田，严格土地用途管制。加强矿产资源勘查、保护、合理开发，提高综合利用水平。大力发展循环经济，促进生产、流通、消费过程的减量化、再利用、资源化。三是加大生态环境保护力度。要以提高环境质量为核心，以解决损害群众健康的突出环境问题为重点，坚持预防为主、综合

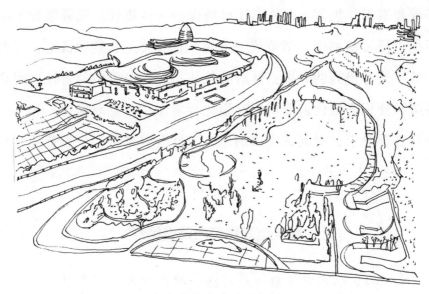

重庆海绵城市建设提速

治理，强化大气、水、土壤等污染防治。着力推进颗粒物污染防治，着力推进"三水共治、清洁长江"城市水域环境治理，着力推进重金属污染和土壤污染综合治理，集中力量优先解决好细颗粒物（PM2.5）、饮用水、土壤、重金属、化学品等损害群众健康的突出问题，切实改善环境质量。实施重大生态修复工程，增强生态产品生产能力，推进荒漠化、石漠化综合治理，扩大湖泊、湿地面积，维护生物多样性，筑牢生态安全屏障。

在制度上，实行最严格的生态环境保护制度。一是完善经济社会发展考核评价体系。科学的考核评价体系犹如"指挥棒"，在生态文明制度建设中是最重要的。二是建立责任追究制度。资源环境是公共产品，对其造成损害和破坏必须追究责任。要建立环保督察工作机制，严格落实环境保护主体责任，完善领导干部目标责任考核制度。坚持依法依规、客观公正、科学认定、权责一致、终身追究的原则，针对决策、执行、监管中的责任，明确各级领导干部责任追究情形。强化环境保护"党政同责"和"一岗双责"要求，对问题突出的地方追究有关单位和个人责任。对

专栏

重庆市海绵城市建设提速

2015 年在两江新区启动海绵城市国家级试点以来，截至 2016 年底，悦来新城已完成投资 18 亿元，完工 3.5 万平方米；万州、秀山、璧山 3 个市级试点建设也全面启动。

2018 年 9 月 13 日，重庆市政府发布《关于印发重庆市海绵城市建设管理办法（试行）的通知》，并将海绵城市建设情况纳入区县年度经济社会发展实绩考核指标。预计 2020 年，重庆城市建成区 20% 以上面积将达到海绵城市指标要求。到 2030 年，这一数字预计将达到 80% 以上，逐步实现"小雨不积水、大雨不内涝、水体不黑臭、热岛有缓解"的目标。届时，重庆海绵城市的建设将更加有利于城市的可持续性发展。

（资料来源：《重庆2030年城市建成区80%以上面积达到海绵城市指标要求》；作者：张潮祥）

领导干部实行自然资源资产离任审计，建立健全生态环境损害评估和赔偿制度，落实损害责任终身追究制度。对造成生态环境损害负有责任的领导干部，必须严肃追责。三是建立健全资源生态环境管理制度。推动生态文明体制改革要搭好基础性框架，建立归属清晰、权责明确、监管有效的自然资源资产产权制度。以空间规划为基础、以用途管制为主要手段的域内国土空间开发保护制度；以空间治理和空间结构优化为主要内容，域内统一、相互衔接、分级管理的空间规划体系；覆盖全面、科学规范、管理严格的资源总量管理和全面节约制度；反映市场供求和资源稀缺程度，体现自然价值和代际补偿的资源有偿使用和生态补偿制度；以改善环境质量为导向，监管统一、执法严明、多方参与的环境治理体系；更多运用经济杠杆进行环境治理和生态保护的市场体系；探索实行耕地轮作休耕制度；实行环保机构监测监察执法垂直管理制度。要完善生态环境监测网络，通过全面设点、全域联网、自动预警、依法追责，形成政府主导、部门协同、社会参与、公众监督的新格局，为环境保护提供科学依据。要加强生态文明宣传教育，增强全民节约意识、环保意识、生态意识，营造爱护生态环境的良好风气。

3

重庆大力推进"两地"建设

建设内陆开放高地是中央赋予重庆的重大使命和任务，是重庆的重大机遇和责任。建设内陆开放高地的核心要义是提升集聚辐射能力，在西部内陆地区带头开放、带动开放，因此，要坚持战略导向，坚持从全局谋划一域、以一域服务全局，深度融入西部大开发、"一带一路"建设和长江经济带发展，做到以开放倒逼改革，以高水平开放推动高质量发展。

（一）什么是内陆开放高地

习近平总书记指出，过去我国的开放基于沿海地区，面向海洋、面向发达国家，今后更多要考虑中西部地区和沿边地区开放，进一步向西开放、向周边国家开放。新形势下推进"一带一路"国际合作，就是要着眼于打通内陆开放、向西开放通道，畅通海上开放通道，在提升"向东"开放水平的同时，加快"向西"开放步伐，推动内陆沿边地区成为开放前沿，实现开放空间逐步从沿海、沿江向内陆、沿边延伸。建设内陆开放高地的基本内涵主要包括五个方面。

1. 拓展开放通道

习近平总书记指出，基础设施互联互通是推动形成全面开放新格局的优先领域。当前，"一带一路"建设进入深耕细作的新阶段，要继续把互联互通作为重点，打破沿线和有关国家发展瓶颈，以铁路、公路、航空、水运、通信、电力、油气管网为重点，聚焦关键通道、关键城市、关键项目，着力推动陆上、海上、天上、网上四位一体的联通。

重庆虽然处于我国西部地区，但是区位比较优势突出，战略地位重要，在国家区域发展和对外开放格局中具有独特而重要的作用。因此，重庆应该围绕开放通道做长板补短板，统筹东南西北四个方向，统筹铁公水空四种方式，统筹人流、物流、资金流、信息流四类要素，提升互联互通水平。

2. 完善开放口岸

十九大报告提出，加大西部开放力度，就是坚持以开放促开发的思路，完善口岸、跨境运输等开放基础设施，实施更加灵活的政策，建设好自贸试验区、国家级开发区、边境经济合作区、跨境经济合作区等开放平台，打造一批贸易投资区域枢纽城市，扶持特色产业开放发展，在西部地区形成若干开放型经济新增长极。

加快把重庆建设成为内陆国际物流枢纽和口岸高地,是习近平总书记对重庆的殷殷嘱托,是贯彻落实党的十九大精神的具体行动,有利于重庆完善国家中心城市综合功能,充分发挥在区域发展和对外开放格局中的重要支撑作用,更好地服务于国家"一带一路"和长江经济带发展大局。因此,重庆应该进一步丰富口岸进出口商品种类,创新相关制度机制,做大做强口岸经济。

3.提升开放平台

新时代背景下,提升开放平台功能需要着力构建各类开放平台协同发展体制机制,以开发区为核心推动产业质量变革,以口岸和保税平台为核心推动贸易效率变革,以制度创新平台为核心推动发展动力变革,加快推进先行先试政策红利释放,实现开放平台"功能协同、贸易协同、政策协同、监管协同"发展新格局,全面提升开放型经济发展质量和效益。

重庆应该坚持统筹发展,完善开放平台空间布局和数量规模,加强开放平台分类指导;坚持联动发展,补齐基础设施短板,促进平台互联互通;坚持错位发展,明确各类平台的主体功能和发展定位;坚持示范引领,充分利用各类开放平台制度创新的契机,强化经验的集成和复制推广;坚持辐射带动,鼓励向其他市级开发区、工业园区、科技园区、农业园区输出品牌、人才、技术、资金和管理经验等。

4. 壮大开放主体

十九大报告提出，我国经济已由高速增长阶段转向高质量发展阶段，正处在转变发展方式、优化经济结构、转换增长动力的攻关期，建设现代化经济体系是跨越关口的迫切要求和我国发展的战略目标，为此，需要着力构建市场机制有效、微观主体有活力、宏观调控有度的经济体制，需要全面实施市场准入负面清单制度，清理废除妨碍统一市场和公平竞争的各种规定和做法，支持民营企业发展，激发各类市场主体活力。

重庆应该着力营造依法保护市场主体合法权益的法治环境、促进市场主体公平竞争诚信经营的市场环境、尊重和激励市场主体干事创业的社会氛围，引导市场主体爱国敬业、遵纪守法、创新创业、服务社会，调动市场主体积极性、主动性、创造性，发挥企业家作用，鼓励市场主体拥抱新时代、践行新思想、实现新作为。

5. 优化开放环境

习近平总书记强调，保护外商投资合法权益，凡是在我国境内注册的企业，都要一视同仁、平等对待。公平开放要求改变过去依靠土地、税收等优惠政策招商引资的做法，通过加强法治建设，为外资企业提供公平、透明、可预期的市场环境，实现各类企业依法平等使用生产要素、公平参与市场竞争、同等受到法律保护。公平公正对待包括外商投资企业在内的所有市场主体，努力营造公开透明的法律政策环境、高效的行政环境、平等竞争的市场环境，尤其是保护好知识产权。

重庆应该从拼资源拼政策转为拼环境拼服务，持续深化"放管服"改革，全力打造公平公正的法治环境、高效透明的政务环境、平等竞争的市场环境、安商亲商的社会环境，着力保护合法权益、提高服务效率、降低制度成本、提升社会地位，推动开放主体积极投身"一带一路"建设和长江经济带发展等国家重大战略，主动参与"三大攻坚战"和"八项行动计划"，不断优化开放环境。

（二）重庆内陆开放高地建设现状如何

重庆全面贯彻习近平新时代中国特色社会主义思想，全方位扩大对内对外开放，拓展开放的高度、广度和深度，努力建成功能完备、要素集聚、特色鲜明、带动周边的内陆开放高地。

1. 内陆开放高地建设整体推进较快

一是外贸进出口总额实现恢复性增长。2016 年，全市外贸进出口总额实现 4160 亿元，同比下降 9.9%，与 2015 年 21.3% 的降幅相比收窄了 11.4 个百分点。2017 年，外贸进出口总额实现 4508 亿元，同比增长 8.9%，扭转了连续 23 个月负增长。2018 年上半年实现进出口总额 2288 亿元，同比增长 11%，高于全国平均水平 3.1 个百分点。二是一般贸易进一步做优。"重庆造"产品出口增长明显，2017 年汽车及零配件出口同比增长 26%，2018 年上半年同比增长 31.2%。三是加工贸易进一步做稳。2017 年加工贸易额 2074 亿元，增长 25%。2018 年上半年加工贸易额 1097

亿元，同比增长 19.9%。四是服务贸易进一步做强。加快建设服务外包示范城市，在商务部服务外包综合评价中位列中西部城市第一。2016 年实现服务贸易额 207 亿美元，同比增长 22%。2017 年实现服务贸易 261 亿美元，增长 26%。2018 年上半年实现服务贸易 105 亿美元，同比增长 16%。

2. 双向投资稳中提质

一是利用外资质量提升。2016 年实际利用外资 113.4 亿美元，2017 年 102 亿美元，连续 7 年突破 100 亿美元，列中西部第一。2018 年上半年达到 42.8 亿美元。二是对外投资质量提升。2016 年对外实际投资 24.3 亿美元，2017 年 15.3 亿美元，2018 年上半年 7.8 亿美元。汽车制造业成为我市对外实际投资第一的行业。民营企业成为境外投资发展主体，民营企业实际投资额占全市总额的 80%。三是对外承包工程业务质量提升。2016 年完成营业额 13.4 亿美元，2017 年 17 亿美元，2018 年上半年 6 亿美元。亚洲、非洲等"一带一路"沿线国家和地区依然是我市对外承包工程主要市场。

3. 自贸试验区建设初见成效

一是提出了"立足两点两地，打造四区"定位，即立足西部大开发的重要战略支点、"一带一路"与长江经济带联结点、内陆开放高地和山清水秀美丽之地，努力打造投资、贸易、金融结算三位一体的综合试验区、开放型经济新体制的压力测试区、改革系统集成先行区、开放平台协同发展区。将总体目标细化为建设"一枢纽三中心一基地",即建成以多式联运为核心的内陆国际物流枢纽、以货物贸易为基础的内陆国际贸易中心、以金融结算便利化为抓手的国内重要功能性金融中心、以互联互通为目标的现代服务业运营中心、以科技创新为支撑的国家重要现代制造业基地。二是强化政策制度创新。一年半来,自贸试验区建设成果丰硕,国家及部委复制推广的123项改革经验中已落地118项,总体方案中151项改革试点任务已落实122项。同时,围绕投资、贸易、金融、事中事后监管四大改革重点,以市政府名义出台了141项创新举措。形成了海关监管"四自一简"、检验检疫"3C免办"等13项典型案例和34项制度创新成果,其中有11项都是全国首创。陆上贸易规则探索取得突破,设立物流金融服务平台,开立了全球首张跨境铁路提单及跟单国际信用证。飞机保税租赁项目落地实施。一年半自贸试验区新增市场主体1.59万户,协议投资额达4018亿元。

4.开放通道不断完善

一是长江黄金水道作用进一步强化。加强基础设施建设,形成果园港、珞璜港、龙头港和新田港"一大三小"的长江港口体系,内河航运要素聚集能力全面提升。建立沪渝外贸集装箱"五定"快班轮三峡船闸便利化通行机制,深化沪渝两地航交所战略合作,果园港启运港退税政策正式全面实施,重庆港集装箱吞吐量突破100万集装箱。

二是中欧铁路(重庆)通道功能进一步拓展。在全国率先运行国际行邮班列，积极拓展国外分拨点，扩大适载货源种类和辐射范围，实现班列常态化运行。2016 年开行 420 列，2017 年开行 663 列，增长 58%，2018 年上半年开行 400 多列，累计开行突破 2000 列。

三是加快建设中新互联互通项目"国际陆海贸易新通道"。"国际陆海贸易新通道"建设成功列入国家"一带一路"项目库予以重点支持，纳入中新互联互通示范项目框架与新加坡共同推进。2018 年 3 月，成功开通"渝新欧"越南国际班列，以中新互联互通项目"渝黔桂新"南向铁海联运通道、重庆——东盟国际公路物流大通道、"渝新欧"越南班列等为核心的南向通道体系基本形成，打通了重庆向南出海的通道，货物可达全球五大洲。通过南彭公路物流基地开行了南向通道跨境公路班车。

四是航空枢纽进一步完善。依托江北国际机场，积极打造国际航空枢纽。江北国际机场 T3 航站楼正式启用，成为西部地区第一个拥有 3 座航站楼、3 条跑道同时运行的机场，开通国际航线 72 条。2017 年，江北国际机场旅客吞吐量达到 3871 万人次，货运量达 36.6 万吨，2018 年将分别突破 4000 万人、40 万吨。

5.开放平台不断丰富

一是平台体系更加完善。荣昌、永川高新区获批为国家级高新区，江津综合保税区正式封关运行，全市基本形成"1+2+7+7"的国家级开放平台体系（"1"指 1 个国家级新区即两江新区，"2"指自贸试验区和中新互联互通示范项目，第一个"7"指 7

个国家级经开区和高新区，第二个"7"指3个海关特殊监管区、1个国家检验检疫综合改革试验区、3个保税物流中心）。二是平台功能更加夯实。获批开展贸易多元化试点、跨境电子商务综合试验、加工贸易承接转移示范、深化服务贸易创新发展试点、国家自主创新示范、汽车平行进口试点等重大改革试点。中新互联互通示范项目争取到国家有关部委支持的创新举措57条，新加坡政府对等支持的政策11条，完成首家企业赴新上市。三是平台引领作用切实发挥。两江新区内陆开放核心功能逐步显现，实际利用外资占全市比重接近30%。两路寸滩保税港区、西永综合保税区和团结村铁路保税物流中心进出口总额占全市进出口总额60%以上。四是开放平台协同发展成效初显。市政府出台了《促进全市开放平台协同发展工作方案》，发布了开放平台协同发展规划，建立完善了开放平台协同共享机制；制定了自贸试验区与中新互联互通示范项目一体化推进方案等促进协同发展的政策文件，奠定了开放平台协同发展的制度基础。

6. 口岸功能不断强化

一是口岸空间布局优化。建成18个口岸和具有口岸功能的场所，其中：7个口岸，11个具有口岸功能的场所、5个口岸开放项目纳入《国家口岸发展"十三五"规划》。二是口岸功能切实发挥。建成16项指定口岸或口岸拓展功能，包括汽车整车、冰鲜水产品、牛肉、粮食、木材等8类特殊商品进口指定口岸，江北机场5项特殊功能以及保税区内3项口岸拓展业务试点。三是建成国际贸易"单一窗口"。于 2017 年 10 月底正式上线运行，并实现了关区全覆盖，企业申报录入项从 184 项缩减为 84 项，形成"六个一"特色（一次提交、一口申报、一次查验、一次放行、一键跟踪、一网服务），初步实现四通目标（申报直通、系统联通、信息互通、业务畅通）。四是通关便利化水平不断提升。"三互"大通关改革持续推进，口岸查验部门持续推进通关通检一体化。实行 7×24 小时通关保障，口岸通关模式更加高效便捷。

7. 开放主体不断壮大

一是外贸结构进一步优化。巩固传统制造业集群规模优势，增强集群内企业优势互补，不断提升"重庆制造"质量效益。积极承接沿海产业转移，打造新的加工贸易产业集群。制定服务贸易重点领域指导目录和重点企业培育目录，出台服务贸易特色产业园管理暂行办法，积极培育服务贸易品牌。二是精准招商"引进来"。全面推行准入前国民待遇加负面清单的外资管理模式，积极推进国别产业园建设。全市各类外商投资市场主体超过 6000 户，在渝世界 500 强企业达到 279 户。外资更多进入实体经济领域，利用外资结构进一步优化。三是开拓市场"走出去"。不断完善"3+N"等政策体系，支持市内企业开展海外并购和反向投资，长安、力帆等企业积极拓展国际市场，在欧洲、美洲、非洲、东南亚等地区投资建厂。出台规范企业海外经营行为实施意见，大力强化"走出去"风险防控，非理性对外投资得到有效遏制。

8.营商环境不断优化

一是监管政策方面。出台 14 项出入境配套政策措施，促进高端人才引进。推进全口径跨境融资宏观审慎管理，统一中、外资企业外债管理政策。为大型跨国企业集团境内外业务拓展提供高效资金结算支持。二是政务服务方面。完善"3+N"合作机制，搭建"渝贸通"外贸综合服务平台。试点外商投资"单一窗口"，建立"一口受理、分工协同"的在线办事平台。建立定期沟通对话磋商机制和投诉协调工作机制，确保招商引资各项承诺落地兑现。出台《创新跨境电子商务监管服务工作方案》，初步构建起跨境电商"互联网+质量安全"后市场监管体系。三是生活环境方面。狠抓城市品质提升，围绕建设现代化国际大都市目标，配套完善国际社区、国际购物中心、文体设施、公共交通体系等生活设施。对 53 个国家施行"72 小时过境免签"，驻渝外国领馆数达到 10 个。

9.内外贸融合发展探出了新路子

重庆统筹利用国际国内两个市场、两种资源，坚持进口与内需衔接、"引进来"与"走出去"联动，对内外贸工作一体谋划，一体推进，出台了《关于推进进口商品分销体系建设的意见》，建成了寸滩港、团结村铁路物流基地等进口商品集散交易中心，在主要商圈规划布局了进口商品展示交易中心，内外贸融合发展体系不断完善。引导商社集团、外经贸集团打造内外贸融合示范平台，创新推进了内贸与外贸协同、商贸物流与金融协同、一般贸易与加工贸易、服务贸易协同的发展模式，现已取得积极成效，商社集团成为中国最大的天然橡胶贸易商、中国十大牛肉进口商，外经贸集团内贸经营额占内外贸销售总额突破40%，企业龙头带动作用凸显。

（三）重庆如何深入推进内陆开放高地建设

全面开创重庆内陆开放高地建设的新局面，需要深入贯彻习近平总书记对重庆的重要指示精神，坚持战略导向、目标导向、问题导向、责任导向，积极主动服务国家战略，扎实有效抓好工作落实。

1. 提升对外开放平台功能

完善"三个三合一"开放平台。进一步强化基础设施、功能要素和体制机制建设，充分发挥"三个三合一"开放平台辐射带动效应，增强枢纽集散作用，扩大口岸转口规模，创新保税拓展功能，服务内陆开放发展。加快果园港口岸互联互通建设，打造国际物流集散分拨中心。建设果园港国际国内中转集拼中心。争取将重庆水运口岸扩大至果园港，推动保税功能向果园港拓展。探索区港联动、"区港一体"监管运作，拓展长江多式联运，建设长江上游多式联运综合枢纽港口。加快推进铁路保税物流中心（B型）和指定口岸功能建设，打造西部进口整车贸易基地。依托团结村铁路枢纽，多渠道加密"渝新欧"往返货运班列，积极开发"渝新欧"客运班列。提升重庆江北国际机场航空口岸功能，建设中西部国际航空货运中心。开展航空乘客通程联运试点，扩大机场货邮二次集拼和中转试点，大力发展快件集散、冷链物流、航空货代，实行保税物流区与机场货运区一体化运作，打造重庆临空服务产业发展的先导区。

突出海关特殊监管区域的开放核心作用。进一步加快两路寸滩保税港区、西永综合保税区建设，提升已围网区域综合运营效益，整合发展未围网区域。实现海关特殊监管区域向制造、研发、维修、物流、贸易、结算"六大中心"转型升级，促进新技术、新产品、新业态、新商业模式发展。实现海关特殊监管区域内制造业及相关联的生产性服务业有序发展，引导加工贸易向产业链高端延伸，运用保税政策大力发展服务贸易。深入推进贸易多元化试点。创新通关监管服务，深化"一线放开、二线安全高效管住"贸易便利化改革，优化保税货物流转管理。到2020年，基本完成海关特殊监管区域内基础设施建设任务，海关特殊监管区域贸易进出口达到600亿美元。

完善指定口岸体系。申报设立进口粮食、植物种苗、木材等指定口岸和金伯利进程国际证书制度实施机构，扩大延伸进口水果、肉类、水产品等指定口岸监管点。发挥进口指定口岸功能，打造西南地区最具影响力的商品交易市场。

加快电子口岸建设。统筹推进全市国际贸易便利化信息系统建设，进一步优化和完善重庆电子口岸平台。积极开发推广物流、航运、仓储等综合应用配套系统，以及便利监管、满足企业需求的外贸管理、库存管理、场所管理、港航作业等应用系统和协作平台，提升口岸信息化水平。推动重庆电子口岸与"一带一路"和长江经济带沿线口岸的互联互通，共建电子口岸数据平台，实现物流、通关通检等信息交换和业务协同，打造适应内陆开放高地建设的口岸服务环境。

2.拓展对外开放通道建设

拓展中欧（重庆）班列联运大通道综合功能。完善中欧（重庆）班列常态化运行机制，积极拓展跨国邮包运输和旅游通道，布局完善境内外分拨点和仓储中心。依托重庆铁路口岸、汽车整车进口口岸，引导国际货代物流企业面向重庆承揽货源。强化长江经济带周边地区、华南地区及"一带一路"沿线国家和地区的货源组织，全面增强国际物流集散功能，打造中欧贸易国际分拨、中转、销售、结算中心，构建内陆地区连接丝绸之路经济带的国际贸易主通道。

进一步发挥国际公路物流通道作用。依托不断完善的高速公路网络，为重庆与 21 世纪海上丝绸之路沿线国家间产业及供应链融合提供国际物流支持。发展重庆经钦州至泛北部湾地区、经磨憨至老挝及中南半岛、经深圳至香港的国际公路运输及多式联运。完善重庆—东盟国际公路联运专线班车常态化运行机制。丰富国际公路物流通道运输货物品类。加强与国际公路物流通道沿线地区在基础设施建设、外贸货物集散、物流资源配置等方面的合作。创新公路运输外贸货物的海关和检验检疫监管方式。加快推进南彭公路保税物流中心（B型）建设。

强化长江上游航运中心功能。建设"服务+辐射"型长江上游航运中心。全面提升内河航运要素聚集能力，加强"水水中转"合作，建立沪渝外贸集装箱"五定"快班轮三峡船闸便利化通行机制，深化沪渝两地航交所战略合作。吸引周边省市货物来渝通过长江中转出海，吸引长江中下游省市货物通过"渝新欧"铁路大通道直达欧洲，扩大沿江地区与欧洲的货物贸易。力争将重庆水运港纳入国家启运港退税试点范围。完善航运交易网络，发展航运总部经济，打造长江上游航运服务集聚区。

优化国际客货运航线布局。积极增开内陆国际直飞航线，重点发展通达"一带一路"沿线国家和地区的国际航线。推动建立重庆—新加坡航空路线体系，提升重庆对东盟的辐射力和影响力。突出航空多元化和差异化发展，构建覆盖各大洲主要枢纽城市的国际航线新格局。

加快完善通信信息通道。巩固并不断提升国家级互联网骨干直联点功能，积极争取国家在渝设立国际通信业务出入口局，打造通信信息国际口岸。推动重庆与日本、韩国、新加坡等国家和香港地区的国际直达通信专线建设，优化调整国际通信传输架构，提高国际通信网络质量，提升为全球客户提供服务的能力，全面建成"国际信息港"和国家级通信信息枢纽。

3.优化开放经济发展环境

继续深化"放管服"改革。实施优化营商环境"十项行动"，推进政务服务"六个一"改革，实施行政审批改革"七项制度"，推动审批流程再造；转变政府管理职能，提高企业办理业务便利度；构建"亲不逾矩、清不远疏"的新型政商关系。深化大部门制改革，探索设立行政审批局、城市管理综合执法局等机构。深化外商投资和对外投资管理体制改革，优化市场环境、政务环境、法治环境和人居环境，进一步增强开放发展的集聚辐射能力。严格落实国家新版外商投资负面清单，释放更多红利。采取"以点带面"的方式，选取自贸片区试点自下而上推动 25 号文中部分创新举措，努力争取从实践中突破创新，并总结提炼一批可复制推广的经验做法。

推进便捷高效一体化大通关。积极推进互联网与通关管理深度融合，实施"互联网+易通关"改革。充分发挥中欧、中新经认证的经营者（AEO）互认、中欧"安智贸"协定和《第一届"一带一路"检验检疫高层国际研讨会重庆声明》等合作文件的作用，搭建"一带一路"沿线沿边国家（地区）海关定期会晤平台，探索国际海关和检验检疫机构间"三互"合作机制。深化重庆全域检验检疫"通报、通检、通放"，全面融入全国检验检疫通关一体化。依托电子口岸平台，建设国际贸易"单一窗口"，按照国际标准统一"单一窗口"申报数据规范，实现申报人通过"单一窗口"向口岸管理相关部门一次性申报。

4.培育开放发展市场主体

引导企业参与"一带一路"沿线国家和地区投资合作，积极支持企业开展国际产能和装备制造合作。结合商务部《对外投资国别产业导向目录》，综合双边关系、合作意愿、资源禀赋、产业配套、市场需求等因素引导重庆企业进行对外投资合作。重点开拓"一带一路"沿线国家和地区市场，亚洲以东盟地区、欧洲以中东欧地区、非洲以东非地区为布局重点，进一步鼓励重庆企业抱团"走出去"。推进重点产业向我国设在重点国别（地区）的产业园区聚集。

推动国际产能合作。积极对接自由贸易区战略，建设中新、中韩、中澳、中国—东盟、亚太等自由贸易协定实施示范区，充分利用自由贸易协定关税优惠政策，鼓励有条件的重庆企业在境外建立生产销售一体化基地，在全球范围建立组装和生产工厂、研发机构和营销中心。鼓励企业以强强联合方式开展境外矿产资源勘探、开发、技术合作和海外并购。推进境外营销网络建设，建设一批重庆名优商品展示展销中心。

完善市场主体合作平台。构建"政府+金融机构+企业"的创新合作机制，搭建服务全市企业的"走出去"综合服务平台。促进海外并购基金创新融资模式，推动海外投资项目储备与投资合作。用好海外矿权交易中心，加强海外矿产勘查和风险防范，积极吸引国内资本参与对外矿产开发投资。支持重庆秀山对外劳务合作服务平台持续健康发展，推动渝东南片区开放型经济建设，促进精准扶贫。利用我驻外机构、外国政府投促机构和知名中介机构等资源，为企业提供有效的境外投资项目和政策信息。鼓励对外投资合作协会等社会中介机构进一步发展壮大，不断提升服务水平。

5.构建相对完善贸易体系

优化贸易结构。积极发展总部贸易，依托各类口岸平台优势，鼓励跨国公司在渝设立区域性国际物流运营中心，建立进口货物专业市场和国际物流集散分拨中心，开展进出口货物国际采购、分拨和中转，打造内陆国际贸易分拨、中转、销售、结算中心。以"渝新欧"铁路和国际航空货运为依托，开展货物快速拆拼和集运业务，大力发展内陆在岸转口和过境贸易，吸引周边省市货物经重庆转口国内外，培育"一带一路"沿线国家和地区间经重庆开展的转口贸易。积极争取国家支持汽车整车平行进口试点，开展进口汽车符合性改装试点，扶持汽车平行进口配套服务产业，研究推进进口汽车整车转关业务，发展面向国内及东南亚国家和地区的汽车转口贸易，培育汽车整车进口产业链。增设口岸免税店，争取"离境退税"试点，带动境外旅客消费升级。充分利用中澳自贸协定，发展活牛进口产业链。着力增强创新驱动发展新动力，将战略性新兴产业尽快培育成为外贸潜在增长点。着力开拓外贸多元化市场，巩固美、欧、日等传统市场，加大拉美、非洲等新兴市场开拓力度。

构建外贸综合服务体系。发展外贸企业综合服务平台，为中小外贸企业提供报关、报检、物流、融资、退税、信保、法律等综合服务。加快外贸转型升级示范基地建设，培育一批国家级综合型、专业型和企业型基地。规范进出口环节经营性服务和收费，降低企业经营成本。加强贸易风险、汇率风险监测分析，适时公布风险提示，引导企业有效规避贸易风险。积极应对贸易摩擦。

促进贸易产业体系的创新发展。坚持市场主导，加快体制机制和商业模式创新，促进现代服务业与先进制造业融合发展，推动两江新区形成金融结算、国际物流、服务外包、专业服务、文化创意及会展旅游等服务贸易产业集聚地，成为内陆地区服务贸易创新发展的中心和"一带一路"与长江经济带服务贸易的重要枢纽。

 建设山清水秀美丽之地

（一）什么是山清水秀美丽之地

1. "山清水秀美丽之地"的内涵

党的十八大以来，以习近平同志为核心的党中央，以高度理论自觉和实践自觉，把生态文明建设纳入中国特色社会主义事业"五位一体"总体布局，强调生态文明建设是关系中华民族永续发展的根本大计。习近平总书记着眼于世界文明形态的演进、中华民族的永续发展、我们党的宗旨责任、人民群众的民生福祉以及构建人类命运共同体的宏大视野，以宽广的历史纵深感、厚重的民族责任感、高度的现实紧迫感和强烈的世界意识，就生态文明建设的战略地位做出了一系列重要论述，形成了习近平生态文明思想。基于对生态文明建设重要意义的深刻理解，我们党把"生态文明建设"写入党章并推动全国人大把生态文明建设写入宪法，成为我们党和国家最根本的思想遵循和行动指南。

　　重庆处在长江上游和三峡库区腹心地带，保护好三峡库区和

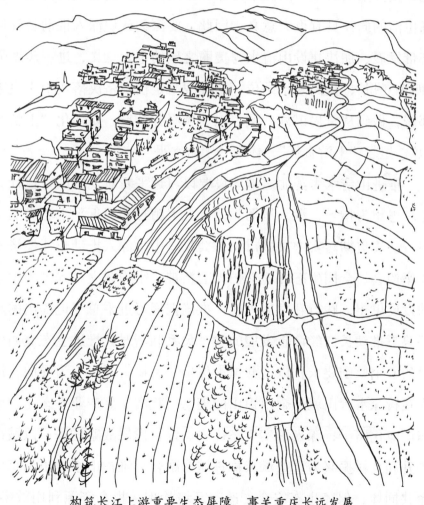

构筑长江上游重要生态屏障，事关重庆长远发展

长江母亲河，构筑长江上游重要生态屏障，事关重庆长远发展，事关国家发展全局。同时，重庆山环水绕、江峡相拥，具有浑然天成的自然之美和悠久厚重的人文之美，是著名的山城、江城，把重庆好山好水保护好，把江城山城建设好，加强城市有机更新，促进城市品质提升，对于落实习近平总书记对重庆的殷殷嘱托，发挥重庆所担负的国家使命和区域责任，满足人民群众对美好生活的向往具有重大意义。因此，要深刻认识深入推动长江经济带发展、加快建设山清水秀美丽之地的重大意义，进一步增强"四个意识"，提高政治站位、明确战略定位，坚决落实中央决策部署，做到从全局谋划一域、以一域服务全局，要强化"上游意识"，担起"上游责任"，体现"上游水平"。

推进山清水秀美丽之地建设要以习近平新时代中国特色社会主义思想为指导，深入贯彻党的十九大精神和习近平生态文明思想，认真贯彻落实中央城市工作会议、中央深入推动长江经济发展座谈会、全国生态环境保护大会精神，牢固树立以人民为中心的发展思想，践行新发展理念，准确把握习近平总书记提出的新形势下推动长江经济带发展的 5 个关系和新时代推进生态文明建设的 6 个原则要求，以"共抓大保护、不搞大开发"为导向，深入践行绿水青山就是金山银山的理念，扎实走好产业生态化、生态产业化路子；深入落实生态优先、绿色发展战略任务；以城市提升和乡村振兴为重点深入推进城乡融合，维护山水林田湖草生命共同体，保障生态安全，改善环境治理，提高资源利用效率，推动生产方式、生活方式绿色转型，完善生态文明体制机制。具体来讲，山清水秀美丽之地包括以下几个方面：

第一，展现山水自然之美。通过推进"碧水、蓝天、绿地、田园、宁静"五大环保行动，提升环境质量，形成健康稳定的生态系统。构建以长江、嘉陵江、乌江三大流域，大巴山、大娄山、华蓥山、武陵山四大山系为骨架，以重点生态功能区域为支撑，以点状分布的禁止开发区域为重点，以交通廊道、城市绿地为补充的生态空间格局，构筑保障全市生态安全的主体区域和国土空间保护与开发的绿色本底，使重庆山水"颜值"更高，让重庆大地"气质"更佳。

第二，展现产业高质量发展之美。经济发展新旧动能转换取得实质进展，以大数据智能化为引领，发展创新绿色循环低碳产业，基本构建起以产业生态化和生态产业化为主体的生态经济体系，经济绿色化、智能化、田园化、特色化程度稳步提高，资源节约集约利用，城乡自然资本加快增值，使绿水青山变成金山银山。

第三，展现城乡特色之美和厚重的人文之美。城乡空间布局进一步优化、功能更加完善，城市品质明显提升，乡村振兴抓实见效，历史文脉得到良好保护和传承，生态文化体系加快完善，城乡天蓝地绿水清、环境宜居宜业宜游，实现山水、田园、城镇、乡村各美其美、美美与共，展现大山大江大资源格局，彰显大城大美大人文精神。

第四，进一步完善生态文明体制机制。深入推进生态文明体制改革，生态文明主流价值观在社会得到推行，践行绿色生活方式和生产方式逐步成为社会自觉。构建起"源头严控、过程严管、后果严惩"的生态文明制度体系和生态安全体系，生态文明建设走上制度化、法制化轨道，稳步提升生态治理体系和治理能力现代化水平。

2. 建设"山清水秀美丽之地"遵循的原则

建设"山清水秀美丽之地"，必须坚持人与自然和谐共生，像保护眼睛一样保护生态环境，像对待生命一样对待生态环境；必须践行"绿水青山就是金山银山"理念，在实践中将"两山论"转化为生动现实；必须树立"山水林田湖草是生命共同体"思想，全方位、全地域、全过程开展生态文明建设；必须坚持生态惠民、生态利民、生态为民，落实"良好生态环境是最普惠的民生福祉"要求；必须用最严格制度最严密法治保护生态环境，加快构建生态环境保护和治理长效机制。具体说来包括以下原则：

第一，要尊重自然，和谐共生。树立自然是生命之母、人与自然是生命共同体的意识，尊重自然生态的发展规律，坚持人与自然和谐共生，坚持节约优先、保护优先、自然恢复为主的方针，守住发展和生态两条底线，敬畏自然、尊重自然、顺应自然、保护自然；坚持绿水青山就是金山银山，加快形成节约资源和保护环境的空间格局、产业结构、生产方式、生活方式，还自然以宁静、和谐、美丽，让人民群众在绿水青山中共享自然之美、生命之美、生活之美。

第二，要整体推动，重点突破。坚持山水林田湖草是生命共同体，从生态环境、城乡建设、历史人文、产业发展等多方面整体推动长江经济带发展，加快建设山清水秀美丽之地，实现生产、生活、生态协调发展。重点实施好生态优先绿色发展行动计划、污染防治攻坚战实施方案、国土绿化提升行动实施方案，让天更蓝、地更绿、水更清、空气更清新。

第三，要城乡协调，突出特色。处理好城市提升和乡村振兴的关系，加快空间结构转型，实现发展动能转换，推动城乡统筹、区域协同。注重品质，彰显特色，精心维护自然山水和城乡人居环境，凸显历史文化底蕴，充分塑造和着力体现重庆的山水自然人文特色。

第四，要全民参与，攻坚共享。发挥党委、政府主导作用，强化企业主体责任，引导公众积极参与，共建共治共享美丽家园。坚持良好生态环境是最普惠的民生福祉，坚持生态惠民、生态利民、生态为民，培育生态文化，倡导绿色生活方式，提高全社会生态文明意识，让良好生态环境成为人民生活质量的增长点，不断满足人民日益增长的优美生态环境需要。

第五，要深化改革，发展保障。深化生态文明体制改革，构建产权清晰、多元参与、激励约束并重、系统完整的生态文明制度体系。强化法治政府建设，加强和创新社会治理，用最严格制度最严密法治保护生态环境，强化制度执行，让制度成为刚性的约束和不可触碰的高压线。

（二）重庆山清水秀美丽之地建设现状如何

在重庆市委、市政府的坚强领导下，全市对标对表十九大精神和习总书记对重庆的殷殷嘱托，认真落实"共抓大保护、不搞大开发"的方针，推动实施了国土绿化、水土流失治理、石漠化治理、湿地保护、森林质量精准提升等重点生态工程，深入推进"碧水、蓝天、绿地、田园、宁静"五大环保行动。国家发展改革委、国家统计局、环保部、中组部联合发布的生态文明建设年度评价结果显示，重庆市"生态保护指数"排名全国第1位，"绿色发展指数"排名全国第5位。全市建设"山清水秀美丽之地"取得显著成效。

第一，绿色循环低碳发展水平上升，发展的质量效益持续提高。全市经济持续稳定健康发展，产业结构不断优化，服务业比重持续上升，工业向价值链中高端延伸，新能源汽车、城市轨道车辆等战略新兴产品产量保持高速增长，移动互联网、网上商品零售等新业态新模式快速成长；超额完成钢铁、煤炭、船舶、水泥等去产能目标。全市规模以上工业产能利用率达77%；节能减排成绩突出，万元地区生产总值能耗较2015年下降14.5%，超额完成能耗总量和强度目标，二氧化硫、氮氧化物、化学需氧量、氨氮排放量较2015年分别下降12.3%、8.3%、3.2%、3.08%，单位地区生产总值二氧化碳排放较2015年下降17.6%，天然气、电力等清洁能源消费占比上升。

专栏

重庆市环保产业市场主体入驻率不断提升

"十三五"以来，特别是 2017 年重庆市环保产业市场主体数量增幅不断上涨，2017 年新注册环保产业市场主体达 9125 家，相较 2015 年增幅达 32.96%；从新注册环保产业市场主体占所有新注册市场主体比重来看，重庆市 2015—2017 三年均保持 3% 左右，在 2018 年上半年则达到了 5.59%，且始终高于全国新注册环保产业占所有新注册市场主体的比重值。这表明重庆市环保产业始终处于快速、良性发展中。

（资料来源：《重庆市"十三五"规划中期评估大数据分析报告》，国家信息中心大数据发展部）

对标主要沿海发达省市，重庆市新注册环保产业市场主体占所有新注册市场主体比重已超过广东、北京等省市，表明重庆市环保产业发展势头迅猛，产业环境良好。相较于环保产业"排头兵"上海市，2018 年上半年新注册市场主体中环保产业占比达 8.39%，高于重庆的 5.59%。重庆市在"山清水秀美丽之地"的建设中可以将上海市作为新的标杆，逐步达到全国顶尖标准。

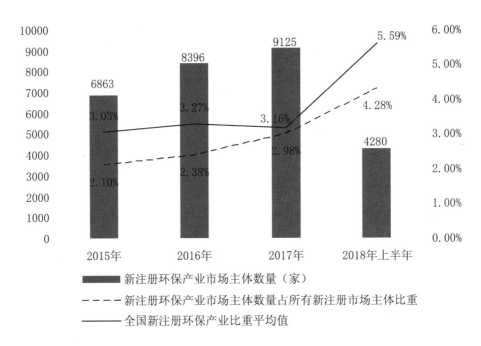

图 3-1 重庆市新增环保相关市场主体数量及占所有新增市场主体比重

第二，生态环境治理持续向好，生态环境安全得到保障。主城区空气质量优良天数比率达到 88%；细颗粒物（PM2.5）年均浓度分别较 2015 年下降超过 20%，重污染天气保持在较低水平；三峡库区水环境保持稳定，长江干流水质为优，长江流域水质优良比例达到 90.5%，集中式饮用水水源地水质安全，城市集中式饮用水水源地水质达标率 100%，农村集中供水率、自来水普及率及水达标率大幅提升，农村饮水安全问题基本得到解决；污染防治水平不断提升，黑臭水体基本消除；城市垃圾无害化处理率100%，建制镇生活垃圾无害化处理率 95.5%，城市污水集中处理

率达到 95%，林地面积达到 6733 万亩、森林蓄积量达到 2.17 亿
立方米、森林覆盖率达到 46.5%、建成区绿地率达到 37.56%、建
成区绿化覆盖率 40.21%，人均公园绿地面积 16.2 平方米。全市
生态、水、气、土、声、辐射环境质量稳中向好，生态空间格局
持续优化，生态环境风险防范体系不断完善，未发生较大、重
大、特大突发环境事件，自然环境灾害防治水平不断提高，生态
环境安全得到有效保障。

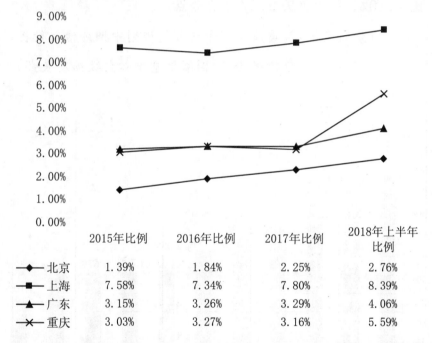

	2015年比例	2016年比例	2017年比例	2018年上半年比例
◆ 北京	1.39%	1.84%	2.25%	2.76%
■ 上海	7.58%	7.34%	7.80%	8.39%
▲ 广东	3.15%	3.26%	3.29%	4.06%
✕ 重庆	3.03%	3.27%	3.16%	5.59%

图 3-2　重庆市及主要发达省份新增市场主体中环保产业相关数量占比

专栏

水污染治理成效显著

通过对长江经济带沿线 11 个省市生态保护投资项目占比分析发现，重庆市的生态保护项目占比为 1.67%，在 11 个省市中处于较低水平。其中，江苏生态保护项目占比最高，为 3.66%，高于重庆 1.99 个百分点；最低为云南，占比 1.10%，低于重庆 0.57 个百分点。

（资料来源：《重庆市"十三五"规划中期评估大数据
分析报告》，国家信息中心大数据发展部）

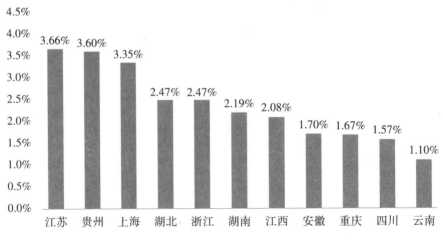

图 3-3　"十三五"上半期长江经济带沿线 11 省市政府投资项目中
生态保护相关数量占比

2015 年以来，重庆市水污染治理成效显著，居民用水安全得到保障。按照《中华人民共和国地表水环境质量标准》，依据地表水水域环境功能和保护目标，我国水质按功能高低依次分为五类，其中，Ⅰ类和Ⅱ类水质良好，地表水经简易净化处理（如过滤）、消毒后即可供集中式生活饮用。为进一步分析重庆市水污染治理成效，本报告引用了"Ⅰ类+Ⅱ类地表水总占比"指标。该比值越高，表明该地区民众饮水安全性越高，水污染治理效果越好。通过对长江经济带沿线省市Ⅰ、Ⅱ类水占比的对比分析发现，2015年以来，重庆市Ⅰ、Ⅱ类水占比遥遥领先长江经济带地区，尤其2017年及2018年上半年占比均达到100%，说明重庆市水污染治理成效显著，居民用水安全得到保障。

表3-1　2015年以来长江经济带沿线各省市Ⅰ、Ⅱ类水占比

省份	2015年	2016年	2017年	2018年上半年
上海	11.54%	2.04%	5.88%	25.00%
江苏	41.78%	51.30%	51.87%	56.25%
浙江	39.42%	35.71%	34.56%	42.19%
安徽	27.07%	19.87%	34.47%	29.33%
江西	72.69%	82.04%	57.06%	55.00%
湖南	77.16%	72.96%	78.31%	78.13%
湖北	90.38%	89.80%	94.12%	95.31%
重庆	98.08%	91.84%	100.00%	100.00%
四川	88.46%	86.07%	92.94%	95.00%
云南	51.39%	52.38%	54.58%	49.33%
贵州	100.00%	69.39%	97.06%	100.00%

专栏

大气污染防治攻坚战取得明显进展

"十三五"以来，重庆市积极推进大气污染防治攻坚战，成效显著，空气质量明显改善。环保监测数据显示，重庆市大气污染程度减缓趋势明显。2015年以来，重庆市空气优良天数呈明显上升趋势，较主要发达城市空气质量优势初显，空气质量明显高于广州、上海、北京等发达城市。主要发达城市除深圳、广州以外，优良天数占比均呈现上升趋势，大气污染防治攻坚战成效显著。"十三五"以来，重庆市深入开展"蓝天行动"，实施"四控两增"工程措施，全面完成国家"大气十条"目标任务，在2013—2017年度的国家"大气十条"实施情况整体考核中等级表现为优秀。重庆市主要从交通污染控制、工业污染控制、扬尘污染控制、生活污染控制等方面，全面改善大气污染状况，成效显著。

（资料来源：《重庆市"十三五"规划中期评估大数据分析报告》，国家信息中心大数据发展部）

表3-2 2015—2017年重庆市及主要发达城市空气优良天数变化

（单位：天）

城市	2015年	2016年	2017年
深圳	340	354	343
重庆	292	301	303
广州	312	310	294
上海	258	276	275
北京	186	198	226

基于《重庆市环境状况公报》中主要大气污染物浓度来衡量重庆市 2015 年以来的大气质量状况，浓度越低，说明大气质量越好。数据显示，2015 年以来除二氧化氮及臭氧浓度有所上升外，其他主要大气污染物浓度均呈明显下降趋势。2017 年，二氧化硫和一氧化碳浓度达到国家环境空气质量二级标准，重庆市空气质量明显提升。

表 3-3　2015—2017 年重庆市主城区主要大气污染物浓度变化

（单位：$\mu g/m^3$）

主要大气污染物	2015 年	2016 年	2017 年
细颗粒物（PM2.5）	57	54	45
可吸入颗粒物（PM10）	87	77	72
二氧化硫（SO_2）	16	13	12
二氧化氮（NO_2）	45	46	46
一氧化碳（CO）	1.5	1.4	1.4
臭氧（O_3）	127	141	163

第三，生态文明法治水平不断提高。已完成《重庆市大气污染防治条例》制订和《重庆市环境保护条例》修订，积极开展《重庆市长江三峡水库库区及流域水污染防治条例（修订）》等环保法规的立法，发布了十余项污染排放标准以及多项监测方法标准，环保地方法规标准体系不断健全。全市共设置了 11 个环境资源审判庭，实现了环境资源审批组织三级法院的纵向全覆盖。市公安局成立环境安全保卫市环保局执法总队，各区县公安

局设立或指定相应侦办机构，市环保局将环境监察总队更名为环境行政执法总队，市城管委成立城市管理综合行政执法总队，生态环境执法力量不断增强。印发了《关于集中办理环境资源案件若干问题的规定》等17个环境行政执法与刑事司法衔接制度，各区县（自治县）相应建立环保行政执法与刑事司法衔接机制。环境资源案件三级管辖、民刑行三审合一侦办、审查起诉和审判体系不断完善，全市"刑责治污"格局基本形成。

专栏

重庆首例行政公益诉讼案公开宣判

重庆市首例行政公益诉讼案件2018年5月29日公开宣判。荣昌区古昌镇政府对辖区畜禽养殖污染怠于履行监管职责，2017年12月21日，荣昌区检察院向江津区法院提起行政公益诉讼。今日，江津区法院对该案公开宣判，一审判决确认古昌镇政府对辖区畜禽养殖污染怠于履行监管职责违法；责令古昌镇政府于判决生效之日起二个月内继续履行行政监管职责，对辖区畜禽养殖污染进行有效的综合治理。

......

截至目前，该区已关闭、搬迁286家养殖场（户），禁养区内畜禽全面停养，河流水质得到改善。

（资料来源：《重庆首例行政公益诉讼案宣判》；作者：钱也）

第四，生态文明制度逐渐完善。以生态文明体制改革为契机，加快生态文明制度建设，生态环境责任划定、生态损害赔偿、责任追究等系列改革工作取得突破。确定的 101 项生态文明体制改革年度任务已全面完成，环保机构监测监察执法垂直管理、生态环境损害赔偿、生态保护红线划定等走在全国前列。接

专栏

民众高度肯定污染防治相关工作

对比"十二五"末期和"十三五"上半期的数据，舆论对污染防治相关工作的获得感由 82.12 上升至 82.89。"十三五"以来，重庆市多措并举不断推进污染防治工作，成效显著。例如，重庆市丰都县通过创新污染防治制度，采用 PPP 模式投建的 30 个乡镇污水处理厂和 14 个非建制场镇污水处理站全面建成，场镇实现污水处理设施全覆盖，县城 2 个污水处理厂提标改造工程完工投用，城市污泥无害化处理率达 100%。2018 年 7 月，重庆市出台自污染防治攻坚战启动以来首个大气污染防治专项工作方案（《重庆市餐饮油烟污染整治工作方案（2018—2020）》）。规划 3 年内完成 8600 家餐馆食堂油烟治理，均获得民众一致认可。

（资料来源：《重庆市"十三五"规划中期评估大数据分析报告》，国家信息中心大数据发展部）

连印发了《重庆市环境保护工作责任规定（试行）》《重庆市环境保护督察办法（试行）》《重庆市党政领导干部生态环境损害责任追究实施细则（试行）》《重庆市生态环境损害赔偿制度改革试点实施方案》等文件，多部门共同努力构建明确责任、落实责任、追究责任的制度体系，实行党政同责、一岗双责、失职追责。

第五，生态文化氛围日趋浓厚。各类专题宣传教育活动顺利开展，创新宣传生态文明理念，进一步提高全民社会节约意识、环保意识、生态意识。以创建为抓手，培育生态文明建设思想的核心价值，全市共成功创建 1 个国家生态文明建设示范区、4 个市级生态文明建设示范区县、65 个市级生态文明建设示范乡镇（街道）、137 个市级生态文明建设示范村（社区）、5 个国家级生态乡镇（街道）、5 个市级生态区县、131 个市级生态乡镇（街道）、830 个市级生态村（社区）。宣传教育、创建活动广泛开展，全民在衣、食、住、行、游等方面加快向勤俭节约、绿色低碳、文明健康的方式转变。

2018 年 7 月，为深入贯彻重庆市委、市政府关于打好污染防治攻坚战的工作部署，市环保局制定了《重庆市环境保护局全面启动污染防治攻坚战工作方案》，围绕水污染、餐饮油烟污染、固体废物、噪声污染、中央环保督察整改工作、重点排污单位等，重点开展污染防治攻坚战 6 个标志性行动。基于互联网数据分析发现，舆论对水污染治理的相关举措最关注，关注度达 94.25。

"十三五"以来，重庆市从生活污水治理、工业污染防治、重点流域污染防治、农业农村污染防治及集中式饮用水源保护等方面深入开展"碧水行动"，全面保障三峡库区水环境安全，在2017年国家《水污染防治行动计划》年度考核中为优。其次是噪声污染，关注度为90.95。"十三五"以来，重庆市全面推进"宁静行动"，取得一定成绩。据统计，2016—2017年累计建设道路隔声屏7408块，改造噪声路面10万平方米，建设道路降噪绿化带82万平方米，并不断强化夜间建筑施工许可管理，成效显著。据统计，重庆市主城区环境噪声达标区覆盖率已达90.6%。

重庆充电桩及专用充电桩占比在全国处于中等偏上水平，环保出行配套设施覆盖仍有不足。截至2018年7月，重庆共建有充电桩6581个，在全国31个省市区中排名第13位；以企业建造为主的、供内部人员使用或自用的专用充电桩共1836个，在全国排名第11名，占本市充电桩总数的27.90%，排在全国第13位。总体来看重庆充电桩建设情况处于中等偏上水平，但不及同为直辖市的北京、上海、天津三地；专用充电桩总数高于天津，专用充电桩占比高于北京、上海、天津，表明公共充电桩覆盖仍有较大缺口，企业、个人为满足自身环保出行需求已完成相对较多的投入。

表 3-4　重庆市绿色发展"十三五"规划主要指标完成情况

序号	指标名称	2020年目标	2017年	2018年上半年	目标完成程度(%)
1	森林增长				
	#森林覆盖率(%)	46	46.5		150.0
	#森林蓄积量(亿立方米)	2.4	2.17		42.5
2	长江干流水质(类)	Ⅲ	Ⅲ	Ⅱ	
3	空气质量				
	#主城区细颗粒物(PM2.5)浓度下降(%)	[12.3]	[8.8]		71.5
	#主城区空气质量优良天数比率(%)	82	83	88	400.0
4	主要污染物排放总量减少				
	#化学需氧量(%)	[7.4]	[3.2]		43.2
	#二氧化硫(%)	[18]	[12.3]		68.3
	#氨氮(%)	[6.3]	[3.08]		48.9
	#氮氧化物(%)	[18]	[8.3]		46.1
5	单位地区生产总值能耗降低(%)	[15]	[12.02]	[14.5]	96.7
6	单位地区生产总值二氧化碳排放降低(%)	[16]	[16]	[17.6]	100.0
7	单位地区生产总值用水量降低(%)	[29]	[20]	[22]	75.9
8	净增建设用地总量(公顷)	<[75000]	8876		—

（三）重庆如何进一步推进山清水秀美丽之地建设

在重庆山清水秀美丽之地建设过程中，虽然取得一定成效，但仍然面临着生态环境质量持续改善难度大、生态环境安全保障压力大、生态文明建设保障措施有待完善等关键问题。

"共抓大保护、不搞大开发"，是推动长江经济带发展的战略导向，是习近平生态文明思想的重要组成部分。两者共同构成了推动长江经济带发展的策略方法，为重庆融入长江经济带发展提供了思想指引和行动遵循。重庆应该正确把握整体推进和重点突破、生态环境保护和经济发展、总体谋划和久久为功、破除旧动能和培育新动能，自我发展和协同发展的关系，坚持共抓大保护、不搞大开发，坚定不移走生态优先、绿色发展之路，加快建设山清水秀美丽之地。

第一，坚持以习近平生态文明思想为指引，切实增强"共抓大保护、不搞大开发"的思想自觉和行动自觉。重庆地处长江上游，必须强化上游意识，担起上游责任。通过深学笃用习近平生态文明思想，从全局谋划一域、以一域服务全局，扎实推进污染防治等"三大攻坚战"，深入实施生态优先绿色发展行动计划等"八项行动计划"。同时，落实《深入推动长江经济带发展加快建设山清水秀美丽之地的意见》和3个配套方案，在明确"路线图""时间表"和"任务书"的基础上，推动方案落实落地。让"共抓大保护、不搞大开发"的要求在重庆深入人心、落地生根；让"生态优先、绿色发展"的理念成为全市上下的共同追求和自觉行动。

白鹤梁题刻保护的背后故事

它是"世界首座非潜水可到达的水下博物馆";它拥有"世界第一古代水文站""水下碑林"等美誉。但对它的保护之难,令人无法想象,仅保护方案就论证了 10 年。……白鹤梁的保护工作也被提上议事日程。摆在有关部门面前的最大难题是,水下遗址原址保护问题世界罕见,国内外无可供借鉴的工程实例。在这样的背景下,天津大学、重庆市规划局、长江水利委员会勘测设计研究院等单位先后提出 7 种方案,论证了 10 年时间。……最终,中国工程院院士葛修润提出"无压容器"方案,即在白鹤梁密集段上修建一座无压容器,在容器内充入过滤处理后的江水,以平衡容器壁所承受的巨大压力,达到减少泥沙淤积侵蚀的目的。这一方案也得到了各方认可。

白鹤梁水下博物馆建设历时 7 年,于 2009 年 5 月 18 日正式开馆,白鹤梁题刻精华得以保存。

（资料来源:《共抓大保护、不搞大开展的生动范例》;

作者:袁尚武、赵迎昭）

第二，坚持把修复长江生态环境摆在压倒性位置，统筹山水林田湖草系统治理。保护长江母亲河、维护三峡库区生态安全，是重庆义不容辞的历史责任。严格管控生态空间，深入推进"多规合一"，严守生态保护红线和永久基本农田控制线，抓紧划定城镇开发边界；实施国土绿化提升行动，推进长江两岸山体全面绿化、25度以上坡耕地全面退耕和城乡绿化整体提升；加强生态保护修复，重点开展石漠化、水土流失、地质灾害和库区消落区治理，减轻重点生态功能区环境负荷；加强自然保护区建设管理，依法整治缙云山、中梁山、铜锣山、明月山"四山"违建项目。

生态保护红线划定后，相关规划要符合生态保护红线空间管控要求，不符合的要及时进行调整。空间规划编制要将生态保护红线作为重要基础，发挥生态保护红线对于国土空间开发的底线作用。生态保护红线原则上按禁止开发区域的要求进行管理，严禁不符合主体功能定位的各类开发活动，严禁任意改变用途。

生态保护红线划定后，面积只能增加、不能减少。因国家重大基础设施、重大民生保障项目建设等需要调整的，由省级政府组织论证，提出调整方案，经生态环境部、国家发展改革委会同有关部门提出审核意见后，报国务院批准。因国家重大战略资源勘查需要，在不影响主体功能定位的前提下，经依法批准后予以安排勘查项目。

专栏

解读重庆市生态保护红线

2018 年 7 月 2 日，市政府发布《重庆市生态保护红线》（渝府发〔2018〕25 号）。根据该文件，全市生态保护红线面积为 2.04 万平方公里，占全市国土面积的 24.82%，包含水源涵养、生物多样性维护、水土保持、水土流失、石漠化五大类型。按主导生态功能分为 12 个片区：

渝东北低山丘陵水源涵养生态保护红线、大娄山生物多样性维护生态保护红线、方斗山—七曜山生物多样性维护生态保护红线、秦巴山区生物多样性维护生态保护红线、武陵山生物多样性维护生态保护红线、三峡库区水土保持生态保护红线、渝西丘陵水土保持生态保护红线、方斗山—七曜山水土流失生态保护红线、秦巴山区水土流失生态保护红线、三峡库区水土流失生态保护红线、方斗山—七曜山石漠化生态保护红线、武陵山石漠化生态保护红线。

（资料来源：《重庆市生态保护红线如何划定，怎么落实？》，搜狐网）

第三，坚持不懈打好污染防治攻坚战，让良好生态环境成为人民生活质量提升的增长点。重庆地处长江上游和三峡库区腹心地带，境内有长江、嘉陵江、乌江等大小河流 5300 余条，确保

┌───┐

专栏

这个湿地自然保护区给野生动植物一个更好的"家"

7月的清晨，云阳县小江湿地县级自然保护区水面上，白鹭飞翔，宛如一副泼墨山水画。随着三峡工程的竣工，位于云阳长江一级支流小江（澎溪河中下游）形成了面积达10000公顷，且具有河流湿地和湖泊湿地双重特性的重要湿地。为了有效保护该区域生物多样性，2009年底，云阳成立了以小江流域及周边重点公益林区为主的县级湿地保护区。……

为了更好地对小江湿地自然保护区内的动植物进行保护，云阳采取退养还滩、泥炭地恢复、排水退化湿地恢复和外来入侵物种治理等措施，恢复退化湿地面积。通过植被恢复、环境改善、生态廊道、生境岛、隐蔽地建设等措施，恢复野生动植物环境。综合运用生物控制、自然修复、截污治污等措施，重点推进湿地的生态保护与修复。

（资料来源：《强化上游意识 担起上游责任》；

作者：陈维灯、王翔、陈波）

└───┘

水环境安全是我市生态环境保护的头等大事。全面落实河长制，深入开展"三水共治"，严控生活污水、工业废水和畜禽养殖污染，狠抓重点河流、黑臭水体和水源地治理，推动污水处理设施全覆盖、全收集、全处理，全面完成沿江排污口、非法采砂、餐饮船舶等专项整治。深入推进"水岸同治"，大力实施碧水、蓝天、绿地、田园、宁静"五大环保行动"，打好大气、土壤、农村环境整治等标志性战役。

专栏

看重庆如何破解长江生态修复难题

"'江清岸洁'四个字，说起来容易，做起来太难了。"阳春三月，平湖万州。在整洁的滨江路，阳光洒在清澈的长江水面上，重庆万州区环保局局长刘勇的这句话显得尤为突兀。……对于长江经济带建设而言，"共抓大保护、不搞大开发"已经成为共识。沿岸城市工业发展如何规划，也成为各地政府面前一道严峻的考题。截至目前，重庆已累计关闭搬迁256家重污染企业，主城区基本实现没有燃煤电厂、没有燃煤锅炉、没有化工厂、没有钢铁厂、没有水泥厂和烧结砖瓦窑。取缔围栏养殖，岸线5公里内禁止新建工业园区。

（资料来源：《看重庆如何破解长江生态修复难题》；

作者：蒋云龙、胡虹）

第四，坚持走生态优先、绿色发展之路，推动重庆高质量发展。主城片区着力保护好"四山"山脉及长江、嘉陵江等流域生态廊道，维护城市绿色生态空间。渝西片区着力加强各类自然保护区、风景名胜区、森林公园等保护，一体化治理好城乡居民生活污染，提高区域发展生态环境容量。渝东北片区突出生态涵养和生物多样性保护，加强地质灾害、水土流失、消落带和农村面源污染治理，确保三峡库区生态环境只能优化、不能恶化。渝东南片区突出生态修复和环境保护，加强石漠化和弄粗面源污染治理，增强生态产品供给能力。

让良好生态成为人民生活质量提升的增长点

大力推进生态产业化、产业生态化，构建以主城、渝西、渝东北、渝东南四大片区分类指导、协调发展的产业格局。主城区着力发展电子核心基础部件、物联网、机器人等战略性新兴制造业，大力发展城市配送及冷链服务、跨境电子商务及结算、云计算大数据等战略性新兴服务业。渝西片区改造提升汽车、电子信息、装备等优势产业,着力发展智能装备、新材料、生物医疗等现代制造业。渝东北渝东南片区立足生态资源好、旅游资源丰富的优势,发展好草食畜牧、生态渔业、茶叶、中草药等现代特色资源加工业,以及生态、人文和养老休闲旅游等特色产业。深化

专栏

产业高地绿色发展,重庆两江新区向产业要"答案"

作为长江经济带唯一的汽车领域企业国家重点实验室,中国汽车工程研究院正致力于汽车噪声振动(NVH)性能分析与控制、汽车被动安全技术以及汽车主动安全与电子控制技术三个研究方向的工作突破。……

走进重庆市唯一的大型燃机电厂——华能两江燃机电厂,了解到,作为西南地区首座燃气—蒸汽联合循环冷热电三联供综合清洁能源站,华能两江燃机电厂通过引进"后工业化"设计理念,改造外观,让传统工厂"粗笨"的感觉被"花园式工厂"取而代之。冷热电三联供,在设计条件下较之于百万容量的燃煤机组每年可节约 38 万吨煤炭。同时采用低氮燃烧器,同步建设脱硝装置,二氧化硫、氮氧化物排放远低于国家标准,烟尘和废水实现"零排放"。

(资料来源:《美丽中国长江行——共舞长江经济带生态篇》;

作者:邱晓琴、李凡)

供给侧结构性改革，守好产业准入"绿色门槛"，坚决淘汰落后产能，推动腾笼换鸟、凤凰涅槃；大力实施以大数据智能化为引领的创新驱动发展战略行动计划，推动产业数字化、数字产业化；统筹抓好乡村振兴和城市提升；依托长江黄金水道加快建设综合立体交通走廊，在西部内陆地区带头开放，努力实现与沿线城市错位发展、协调发展、有机融合。

第五，坚持源头严防、过程严管、后果严惩，狠抓生态环保责任落地。落实"共抓大保护、不搞大开发"，必须依靠法治、依靠制度。着力健全法制，加快库区及流域水污染防治、生态红线、土壤治理等重要法规修编，推进生态文明制度体系建设，努力做到源头严防；着力加强监管，推动环保督察全覆盖，加快在线环境监控系统建设，努力做到过程严管；着力强化问责，落实环保党政同责、一岗双责、失职担责、终身追责，压实企业主体责任，认真执行环境损害赔偿制度，努力做到后果严惩。

建设山清水秀美丽之地，就是要把构筑绿色屏障摆在首位，坚持生态优先、绿色发展，坚持共抓大保护、不搞大开发，全面落实河长制、湖长制，积极推进植树造林、退耕还林，以铁的手腕做好治水、治气、治土、治渣各项环境治理工作，坚决打好污染防治攻坚战，加快建设长江上游重要生态屏障；就是要在发展绿色产业上下功夫，念好"山字经"，种好"摇钱树"，做好"水文章"，用好"特色牌"，推进生态产业化、产业生态化，推动传统产业转型升级，因地制宜发展技术含量高、就业容量大、环境

专栏

重庆市通报生态环境损害责任追究问题问责情况

2016 年 11 月 24 日至 12 月 24 日,中央第五环保督察组对我市开展了环境保护督察工作,并于 2017 年 4 月 5 日将督察发现的 8 个生态环境损害责任追究问题移交重庆市依法依规调查处理。

市委、市政府对此高度重视,市委书记陈敏尔多次对整改问责工作进行专题安排部署,并先后作出 7 次批示,要求坚持从严问责,坚决抓好整改。市委成立整改领导工作小组,市纪委迅速开展核查问责工作。根据核查的事实,依据有关规定,经市委、市政府研究决定,对 8 个责任单位,79 名责任人员严肃问责。其中,厅级单位 7 个,县处级单位 1 个;厅级领导干部 28 人(正厅级 13 人、副厅级 15 人),县处级领导干部 19 人(正处级 14 人、副处级 5 人),乡科级及以下人员 32 人;给予纪律处分 45 人,免职 3 人(其中 2 人同时给予纪律处分)、诫勉 24 人、通报 9 人。

(资料来源:《重庆市通报中央环境保护督察移交生态环境损害责任追究问题问责情况》,市政府公众信息网)

质量高的绿色产业,大幅提高经济绿色化程度,提供更多优质生态产品和服务;就是要在建设绿色家园上下功夫,坚持以人为本、道法自然，优化城乡生产生活生态空间布局，为生态"留白"、给自然"种绿"，大力推进乡村振兴，促进城乡融合，实现山水、田园、城镇、乡村各美其美、美美与共，守住绿水青山，留住最美乡愁；就是要在健全绿色制度上下功夫，打造生态环境保护的制度"坚盾"，形成助推绿色发展的制度"利器"；就是要在培育绿色文化上下功夫，加强生态文明教育，让尊重自然、顺应自然、保护自然在全社会蔚然成风。

生态兴则文明兴，生态衰则文明衰。只有以习近平新时代中国特色社会主义思想为指引，像保护眼睛一样保护生态环境，像对待生命一样对待生态环境，以更大决心、更高标准、更实举措，筑牢长江上游重要生态屏障，才能建成山清水秀美丽之地，才能书写美丽中国的重庆篇章。

4

重庆奋力实现"两高"发展

 一 **推进高质量发展**

（一）什么是高质量发展

1. 如何理解高质量发展

"发展才是硬道理"，"发展是解决我国一切问题的基础和关键"，发展始终是我国社会主义前进道路上的"主旋律"。"中国特色社会主义进入了新时代，我国经济发展也进入了新时代，基本特征就是我国经济已由高速增长阶段转向高质量发展阶段。推动高质量发展，是保持经济持续健康发展的必然要求，是适应我国社会主要矛盾变化和全面建成小康社会、全面建设社会主义现代化国家的必然要求，是遵循经济规律发展的必然要求。"习近平总书记在 2017 年底中央经济工作会议中明确了"高质量发展"这一概念，并高度概括了推动高质量发展的三个"必然要求"。

"按照高质量发展的要求，统筹推进'五位一体'总体布局和协调推进'四个全面'战略布局，坚持以供给侧结构性改革为主线，统筹推进稳增长、促改革、调结构、惠民生、防风险各项工作，大力推进改革开放，创新和完善宏观调控，推动质量变革、效率变革、动力变革，特别在打好防范化解重大风险、精准脱贫、污染防治的攻坚战方面取得扎实进展，引导和稳定预期，加强和改善民生，促进经济社会持续健康发展。"李克强总理在2018年国务院政府工作报告中进一步明确指出了推进高质量发展的具体要求。从"发展"到"高质量发展"，主旋律没有变，但内涵却更加丰富。简而言之，高质量发展就是能够很好满足人民日益增长的美好生活需要的发展，是体现新发展理念的发展，是创新成为第一动力、协调成为内生特点、绿色成为普遍形态、开放成为必由之路、共享成为根本目的的发展。具体来看，"高质量发展"概念蕴含以下四个方面的深刻内涵。

其一，高质量发展是从追求"有不有"到追求"好不好"的发展。"合抱之木，生于毫末；九层之台，起于累土"，任何事物的发展都是从量变到质变的过程，量变是质变的前提和基础，质变是量变的必然结果。中国梦就是从量变到质变的伟大实践，正如习近平总书记所说："中华民族的昨天，可以说是'雄关漫道真如铁'；中华民族的今天，正可谓'人间正道是沧桑'；中华民族的明天，可以说是'长风破浪会有时'。"党的十九大报告明确提出，中国经济已由高速增长阶段转向高质量发展阶段，中国特色社会主义进入了新时代。这表明，我国经济发展已经到了由量变转向质变，从"重视数量"转向"提升质量"，从"规模扩张"转向"结构升级"，从"要素驱动"转向"创新驱动"的关键时期。习近平总书记在博鳌亚洲论坛2018年年会的中外企业家代表座谈中指出："我们要加满油、把稳舵、鼓足劲，付出异乎寻常的努力，推动新时代中国经济由高速增长转向高质量发展，从量的扩张转向质的提升，从'有没有'转向'好不好'。"可以看出，随着我国经济已由高速增长阶段转向高质量发展阶段，经济结构不断优化，新旧动能转换正在加快，新时代的中国经济，实现经济转型、结构调整、动力优化、风险可控、共同富裕及环境优化的目标要远重于GDP增速的快慢，"质量第一、效益优先"将成为中国经济未来高质量发展的核心内涵和基本路径。当然，强调高质量发展，不代表不要速度、完全放弃稳增长。2017年底中央经济工作会议依然强调，要保持经济运行在合理区间。这既是完成第一个一百年目标的需要，也是提升经济发展信心、避免经济失速陷入"硬着陆"风险的需要。"高质量发展"与"稳中求进"并不矛盾。"稳"本身就是对发展的基本要求，这是一切工作的基础和前提；"进"就要充分体现高质量发展。

其二，高质量发展是贯彻新发展理念，注重"创新、协调、绿色、开发、共享"的发展。"读万卷书，行万里路"，"伟大的时代需要伟大的精神，伟大的事业离不开理论的引领"。2015年10月，习近平总书记在关于《中共中央关于制定国民经济和社会发展第十三个五年规划的建议》的说明中指出，发展理念是发展行动的先导，是管全局、管根本、管方向、管长远的东西，是发展思路、发展方向、发展着力点的集中体现。2015 年 10 月 29 日，习近平总书记在党的十八届五中全会第二次全体会议上的讲话中提出了创新、协调、绿色、开放、共享的发展理念。新发展理念符合我国国情，顺应时代要求，对破解发展难题、增强发展动力、厚植发展优势具有重大指导意义。2016 年 1 月 29 日，习近平总书记在中共中央政治局第三十次集体学习时强调：新发展理念就是"指挥棒""红绿灯"。

具体来看，创新发展注重的是解决发展动力问题。我国创新能力不强，科技发展水平总体不高，科技对经济社会发展的支撑能力不足，科技对经济增长的贡献率远低于发达国家水平，这是我国这个经济大个头的"阿喀琉斯之踵"。协调发展注重的是解决发展不平衡问题。我国发展不协调是一个长期存在的问题，突出表现在区域、城乡、经济和社会、物质文明和精神文明、经济建设和国防建设等关系上。在经济发展水平落后的情况下，一段时间的主要任务是要跑得快，但跑过一定路程后，就要注意调整关系，注重发展的整体效能，否则"木桶效应"就会愈加显现，一系列社会矛盾会不断加深。绿色发展注重的是解决人与自然和谐问题。我国资源约束趋紧、环境污染严重、生态系统退化的问题十分严峻，人民群众对清新空气、干净饮水、安全食品、优美环境的要求越来越强烈。开放发展注重的是解决发展内外联动问题。现在的问题不是要不要对外开放，而是如何提高对外开放的质量和发展的内外联动性。我国对外开放水平总体上还不够高，用好国际国内两个市场、两种资源的能力还不够强，应对国际经贸摩擦、争取国际经济话语权的能力还比较弱，运用国际经贸规则的本领也不够强，需要加快弥补。共享发展注重的是解决社会公平正义问题。我国经济发展的"蛋糕"不断做大，但分配不公问题比较突出，收入差距、城乡区域公共服务水平差距较大。在共享改革发展成果上，无论是实际情况还是制度设计，都还有不完善的地方。新发展理念，深刻揭示了实现更高质量、更有效率、更加公平、更可持续发展的必由之路，是关系我国发展全局的一场深刻变革。只有坚定不移地贯彻新发展理念，贯彻习近平新时代中国特色社会主义思想，才能增强发展动力，推动高质量发展。

其三，高质量发展是持续拓展和深化"供给侧结构性改革"、实施创新驱动发展战略的发展。改革开放 40 年来，中国经济持续高速增长，成功步入中等收入国家行列，已成为名副其实的经济大国。但随着人口红利衰减、"中等收入陷阱"风险累积、国际经济格局深刻调整等一系列内因与外因的作用，经济发展正进入"新常态"。2015 年以来，我国经济进入了一个新阶段，主要经济指标之间的联动性出现背离，经济增长持续下行与 CPI 持续低位运行，居民收入有所增加而企业利润率下降，消费上升而投资下降，等等。对照经典经济学理论，当前我国出现的这种情况既不是传统意义上的滞胀，也非标准形态的通缩。与此同时，宏观调控层面货币政策持续加大力度而效果不彰，投资拉动上急而下徐，旧经济疲态显露。简言之，中国经济的结构性分化正趋于明显。为适应这种变化，在正视传统的需求管理还有一定优化提升空间的同时，迫切需要改善供给侧环境、优化供给侧机制，通过改革制度供给，大力激发微观经济主体活力，增强我国经济长期稳定发展的新动力。

供给侧结构性改革，就是从提高供给质量出发，用改革的办法推进结构调整，矫正要素配置扭曲，扩大有效供给，提高供给结构对需求变化的适应性和灵活性，提高全要素生产率，更好满足广大人民群众的需要，促进经济社会持续健康发展。习近平总书记在山东考察时指出，推动高质量发展，关键是要按照新发展理念的要求，以供给侧结构性改革为主线，推动经济发展质量变革、效率变革、动力变革，我们要坚持腾笼换鸟、凤凰涅槃的思路，推动产业优化升级，推动创新驱动发展。供给侧改革作为高质量发展的动力支撑，推动高质量发展要以供给侧改革为主线，继续拓展和深化供给侧改革，推动经济发展的质量变革、效率变革、动力变革。

其四，高质量发展是以智能化为引领，推进数字产业化、产业数字化，为经济增长培育新动力、开辟新空间的发展。2018年4月22日，习近平总书记在福州召开的首届数字中国建设峰会致贺信。总书记指出，当今世界，信息技术创新日新月异，数字化、网络化、智能化深入发展，在推动经济社会发展、促进国家治理体系和治理能力现代化、满足人民日益增长的美好生活需要方面发挥着越来越重要的作用。5 月 26 日，习近平总书记向在贵阳召开的 2018 中国国际大数据产业博览会致贺信。总书记指出，当前以互联网、大数据、人工智能为代表的新一代信息技术日新月异，给各国经济社会发展、国家管理、社会治理、人民生活带来重大而深远的影响。把握好大数据发展的重要机遇，促进大数据产业健康发展，处理好数据安全、网络空间治理等方面的挑战，需要各国加强交流互鉴、深化沟通合作。

2018 年 8 月 23 日，首届中国国际智能产业博览会在重庆市开幕，国家主席习近平向会议致贺信。习近平总书记指出，我们

2018 年，首届智博会在重庆举行

正处在新一轮科技革命和产业变革蓄势待发的时期，以互联网、大数据、人工智能为代表的新一代信息技术日新月异。促进数字经济和实体经济融合发展，加快新旧发展动能接续转换，打造新产业新业态，是各国面临的共同任务。总书记还指出，我们要高度重视创新驱动发展，坚定贯彻新发展理念，加快推进数字产业化、产业数字化，努力推动高质量发展、创造高品质生活。可见，智能化在经济发展中将扮演着越来越重要的角色。我们要在习近平新时代中国特色社会主义思想指引下，扎实推进以智能化为引领的创新驱动发展战略，将大数据智能化与实体经济深度相融合，为高质量发展注入新动能。

其五，高质量发展是持续改善民生、满足人民日益增长的美好生活需要的发展。所谓"民惟邦本，本固邦宁"，即只有以百姓为国家的根本，根本稳固了，国家才能安宁。中国特色社会主义发展历程中始终贯彻着"民惟邦本"的思想，在开启与推进改革开放与中国特色社会主义事业进程中，邓小平同志指出，"人民拥护不拥护、人民赞成不赞成、人民高兴不高兴、人民答应不答应，是全党想事情、做工作对不对好不好的基本尺度"。伴随着改革开放的不断深入和社会主义市场经济逐步发展，江泽民同志提出"三个代表"重要思想，特别强调中国共产党要始终代表中国最广大人民的根本利益。面对我国发展中出现的诸如"唯GDP主义"、"见物不见人"等倾向，胡锦涛同志提出科学发展观并指出其核心是以人为本。

党的十八大以来，习近平总书记反复强调"人民对美好生活的向往就是我们的奋斗目标"、"把实现人民幸福作为发展的目的和归宿"，形成了以人民为中心的发展思想。新时代的中国，社会主要矛盾已经转化为人民日益增长的美好生活需要和不平衡不充分的发展之间的矛盾。唯有致力于以质量变革、效率变革、动力变革推动我国经济高质量发展，才是让人民群众过上高品质美好生活的重要前提和保证。习近平总书记反复强调："切实把新发展理念落到实处，不断取得高质量发展新成就，不断增强经济社会发展创新力，更好满足人民日益增长的美好生活需要。"由此可见，持续改善民生，满足人民日益增长的美好生活需要的发展，不仅是推动高质量发展的内在要求，更是高质量发展的最终目的和根本归宿。

2. 如何衡量高质量发展

习近平总书记多次强调，发展是解决我国一切问题的基础和关键，必须坚定不移把发展作为党执政兴国的第一要务。进入新时代，发展的重要性没有变，发展是第一要务没有变，改变了的是发展的内涵和重点。新时代发展的核心要义就是高质量发展。以往我们主要用 GDP 来衡量发展，而现在如何来衡量高质量发展的水平，我们大致可将以下五个方面作为切入点：

第一，供给侧结构性改革的深化程度。党的十九大报告也指出："我国经济已由高速增长阶段转向高质量发展阶段，正处在转变发展方式、优化经济结构、转换增长动力的攻关期，建设现代化经济体系是跨越关口的迫切要求和我国发展的战略目标。必须坚持质量第一、效益优先，以供给侧结构性改革为主线，推动经济发展质量变革、效率变革、动力变革。"可见，推动高质量发展，必须将供给侧结构性改革作为主线。2018年国务院政府工作报告中指出："按照高质量发展的要求，统筹推进'五位一体'总体布局和协调推进'四个全面'战略布局，坚持以供给侧结构性改革为主线，统筹推进稳增长、促改革、调结构、惠民生、防风险各项工作，大力推进改革开放，创新和完善宏观调控，推动质量变革、效率变革、动力变革，特别在打好防范化解重大风险、精准脱贫、污染防治的攻坚战方面取得扎实进展，引导和稳定预期，加强和改善民生，促进经济社会持续健康发展。"衡量高质量发展水平，也要以衡量供给侧结构性改革的深化程度为主线。

第二，创新驱动发展能力的现实水平。十九大报告指出："创新是引领发展的第一大动力，是建设现代化经济体系的战略支撑。要瞄准世界科技前沿，强化基础研究，实现前瞻性基础研究、引领性原创成果重大突破。加强应用基础研究，拓展实施国家重大科技项目，突出关键共性技术、前沿引领技术、现代工程技术、颠覆性技术创新，为建设科技强国、质量强国、航天强国、网络强国、交通强国、数字中国、智慧社会提供有力支撑。"习近平总书记在参加十三届全国人大一次会议广东代表团审议时强调："发展是第一要务，人才是第一资源，创新是第一动力。"

道出了高质量发展的关键，其中创新是高质量发展的第一动力。习近平总书记进一步指出，"综合国力的竞争说到底是创新的竞争"，"抓创新就是抓发展，谋创新就是谋未来"。推动高质量发展意味着必须不断提升全要素生产率，不断增强发展新动力新活力。既要不断提高产品和服务的质量，也要不断推出能够更好满足人民需求的新产品新服务；既要不断降低产品和服务的成本，也要尽可能减少对生态环境的破坏。实现这些要求，离不开创新。可见，创新作为高质量发展的第一动力，也是反映高质量发展的又一维度。

第三，产业结构转型升级的实际情况。2018 年 3 月，习近平总书记在参加十三届全国人大一次会议内蒙古代表团审议时强调："推动经济高质量发展，要把重点放在推动产业结构转型升级上，把实体经济做实做强做优。要立足优势、挖掘潜力、扬长补短，努力改变传统产业多新兴产业少、低端产业多高端产业少、资源型产业多高附加值产业少、劳动密集型产业多资本科技密集型产业少的状况，构建多元发展、多极支撑的现代产业新体系，形成优势突出、结构合理、创新驱动、区域协调、城乡一体的发展新格局。要大力培育新产业、新动能、新增长极，发展现代装备制造业，发展新材料、生物医药、电子信息、节能环保等新兴产业，发展现代服务业，发展军民融合产业，补足基础设施欠账，发挥国家向北开放重要桥头堡作用，优化资源要素配置和生产力空间布局，走集中集聚集约发展的路子，形成有竞争力的增长极。"由习近平总书记的话可知，推动产业转型升级是高质量发展的重点，也是反映高质量发展水平的一个重要维度。

第四，人才资源整合培育的优化力度。"发展是第一要务，人才是第一资源，创新是第一动力"，可见人才是第一资源。"功以才成，业由才广"，推动高质量发展，离不开资金、技术、信息等资源，但这些资源要更好发挥作用，要成为推动高质量发展的现实生产力，都需要人才这个因素对其进行整合、组织和运用。人才资源是撬动其他资源的首要资源，是最重要的起着决定性作用的资源。实现高质量发展，需要聚天下英才而用之，当前尤其需要创业人才、创新人才和高素质的技工人才。李克强总理在 2018 年国务院政府工作报告中指出："深化人才发展体制改革，推动人力资源自由有序流动，支持企业提高技术工人待遇，加大高技能人才激励，鼓励海外留学人员回国创新创业，拓宽外国人才来华绿色通道。集众智汇众力，一定能跑出中国创新'加速度'。"人才作为第一资源，是推动高质量发展的一个关键，人才资源整合培育的优化力度在一定程度上反映了高质量发展的水平。

第五，协调发展统筹推进的落实程度。古语道："国以民为本，社稷亦为民而立。"又如习近平总书记所说，"人民对美好生活的向往就是我们的奋斗目标"、"把实现人民幸福作为发展的目的和归宿"，高质量发展的最终目的和归宿就是造福人民。党的十九大指出，我国社会主要矛盾已经转化为人民日益增长的美好生活需要和不平衡不充分的发展之间的矛盾。习近平总书记曾强调，"下好'十三五'时期发展的全国一盘棋，协调发展是制胜要诀"，"协调既是发展手段又是发展目标，同时还是评价发展的尺度，是发展两点论和重点论的统一，是发展平衡和不平衡的统一，是发展短板和潜力的统一"。因此，协调发展既是高质量发展的手段和目标，又是高质量发展的内生特点，还是评价高质量发展的尺度。

（二）重庆高质量发展现状如何

党的十九大报告指出，我国经济已由高速增长阶段转向高质量发展阶段，正处在转变发展方式、优化经济结构、转换增长动力的攻关期。2017年9月5日，党中央、国务院印发了《关于开展质量提升行动的指导意见》。中央有部署，重庆有行动。2018年7月12日，市委、市政府印发了《关于开展质量提升行动加快建设质量强市的实施意见》（以下简称《实施意见》），决定在全市范围广泛开展质量提升行动，扎实推进质量强市建设。紧紧围绕提高供给体系质量，不断深化供给侧结构性改革，以大数据智能化引领产业转型升级，推动互联网、大数据、人工智能同实体经济深度融合，厚植人力资源新优势，推动全方位创新，高质量发展进入快车道。

1. 供给侧结构性改革持续深化

"因而能革，天道乃得。"供给侧结构性改革是一场关系全局、关系长远的变革，必须把握规律、掌握重点、处理好重要关系，才能顺利推进。习近平在中央政治局第三十八次集体学习时及时对此作出精辟论述，他指出："推进供给侧结构性改革，要处理好几个重大关系：政府和市场的关系，短期和长期的关系，减法和加法的关系，供给和需求的关系。"

无效低效产能得到有效化解。按照企业主体、政府推动、市场引导、依法处置的办法，因地制宜、分类有序淘汰落后产能，"僵尸企业"和空壳公司得到妥善处置，有力促进生产要素从供给老化产业向新兴产业转移。出台《重庆市供给侧结构性改革去产能专项方案》和钢铁、煤炭等行业化解过剩产能实施方案，截至 2018 年 6 月，累计去除钢铁产能 816 万吨、水泥产能 245 万

链接

司法重整让重庆钢铁淬火新生

陷入连年巨亏的重庆钢铁，自 2017 年下半年引入四源合钢铁产业股权投资基金，于当年内顺利完成司法重整后，成功化解债务危机和生存退市危机。自 2017 年底完成司法重整后，2018 年上半年经营业绩即创下历史同期最高，重庆钢铁成功化解债务危机、经营危机乃至生存危机的结果，令钢铁界及全社会瞩目。

（资料来源：《司法重整让重庆钢铁淬火新生》；

作者：夏元、杨铌紫）

吨、煤炭产能 2348 万吨，化解船舶过剩产能 2 万载重吨，全面
完成国家下达的我市去产能目标任务。累计处置僵尸企业 401
户，重钢完成司法重整后产值增长 99.4%。依法为实施市场化破
产程序创造条件，减少了生产要素自由流动的供给抑制。严格控
制增量，防止新的产能过剩。以满足新市民住房需求为主要的出
发点，建立购租并举的住房制度，房地产库存得到有效化解。

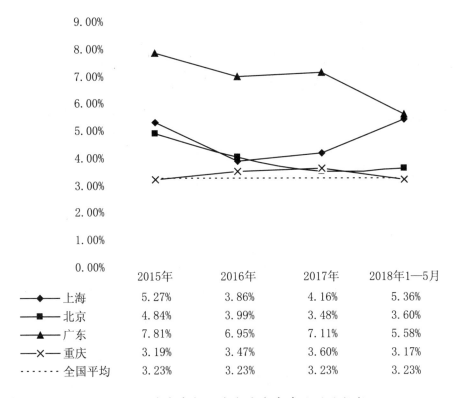

	2015年	2016年	2017年	2018年1—5月
◆ 上海	5.27%	3.86%	4.16%	5.36%
■ 北京	4.84%	3.99%	3.48%	3.60%
▲ 广东	7.81%	6.95%	7.11%	5.58%
✕ 重庆	3.19%	3.47%	3.60%	3.17%
┈ 全国平均	3.23%	3.23%	3.23%	3.23%

图 4-1　重庆市与沿海发达省市产业风险指数
数据来源：中国裁判文书网。

行业风险防控卓有成效。产业风险指数显示，重庆市产业风
险指数总体稳定，2018 年前 5 个月平均水平为 3.17%，略低于全

国平均产业风险指数 3.23%。上海、北京、广东 2018 年 1—5 月
的产业风险指数分别为 5.36%、3.60% 和 5.58%，与这些主要沿
海发达省市相比，重庆市产业风险指数仍然较低。分行业来看，
与"十二五"末期相比，19 个行业中，13 个行业风险程度下降。
其中采矿业下降 5.79 个百分点，已低于全国采矿业风险指数平均
值。此外，2015 年风险程度前十名行业中，教育、房地产业、卫
生和社会工作、农林牧渔业、建筑业、交通运输仓储和邮政业的
产业风险指数也同样呈现下降走势。水利、环境和公共设施管理
业 2018 年风险指数大幅上升，达到 7.12%，成为目前风险程度最
高的行业。

表 4-1　重庆市各行业产业风险指数

行业	2015年	2016年	2017年	2018年1—5月	指数变化
农、林、牧、渔业	4.96%	4.30%	4.17%	3.48%	1.48%
采矿业	8.94%	8.81%	5.01%	3.15%	5.79%
制造业	2.38%	2.52%	2.33%	1.85%	0.52%
电力、热力、燃气及水生产和供应业	1.65%	1.46%	1.19%	0.90%	0.74%
建筑业	4.88%	5.18%	5.72%	4.67%	0.21%
批发和零售业	2.99%	3.39%	3.70%	3.98%	-0.99%
交通运输、仓储和邮政业	4.18%	4.50%	3.63%	2.95%	1.23%
住宿和餐饮业	3.40%	3.75%	4.07%	4.11%	-0.71%
信息传输、软件和信息技术服务业	3.06%	3.47%	3.72%	3.53%	-0.48%
金融业	1.85%	2.66%	3.07%	2.07%	-0.21%

续表

行业	2015年	2016年	2017年	2018年 1—5月	指数变化
房地产业	5.83%	5.07%	5.16%	4.76%	1.07%
租赁和商务服务业	2.30%	2.67%	2.76%	2.82%	−0.51%
科学研究和技术服务业	1.61%	1.64%	1.74%	1.53%	0.08%
水利、环境和公共设施管理业	5.34%	3.81%	5.83%	7.12%	−1.78%
居民服务、修理和其他服务业	2.94%	3.30%	3.46%	2.63%	0.31%
教育	7.05%	3.83%	3.67%	5.45%	1.60%
卫生和社会工作	5.37%	5.16%	4.89%	4.65%	0.72%
文化、体育和娱乐业	2.16%	3.58%	3.70%	2.16%	0.01%
其他行业	1.72%	4.44%	1.79%	0.00%	1.72%

互联网金融风险预防成效显著。互联网金融行业是近年来全国金融业风险的高发领域，各互联网金融平台问题集中爆发于2015年、2016年。"十三五"上半期重庆共有64个互联网金融平台问题暴露，在全国城市中排名第8。相较于各沿海发达城市，重庆市互联网金融平台问题较小，且解决速度快。在互联网金融平台问题集中爆发的2015年、2016年，重庆各有11个、43个平台爆出问题，严重性相对较小；同时，到2017年，互联网金融问题平台就仅有10家，反映了重庆市对于互联网金融问题的预防与治理工作卓有成效。从短期来看，规范各类互联网金融业态，优化了市场竞争环境，维护了广大金融消费者的切身利益，维护了金融市场秩序，守住了不发生系统性区域性金融风险的底

线。从长远看，实现规范与发展并举、创新与防范风险并重，将促进重庆市互联网金融规范有序健康发展，切实发挥互联网金融支持大众创业、万众创新的积极作用。

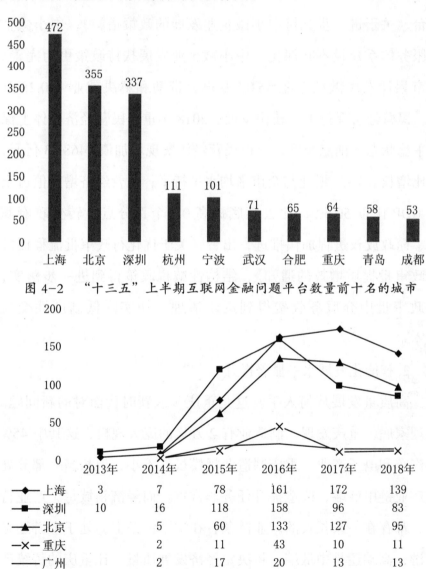

图 4-2   "十三五"上半期互联网金融问题平台数量前十名的城市

图 4-3   重庆市和各沿海发达城市历年互联网金融问题平台数量
数据来源：网贷之家问题平台板块。

优化企业发展环境。产权保护制度不断完善，出台《重庆市完善产权保护制度依法保护产权工作实施方案》《重庆市公安局服务民营经济发展 30 条》等政策文件。中小微企业发展迅速，出台《关于进一步支持中小微企业发展的政策措施》，中小微企业服务体系建设不断深化，中小微企业发展扶持政策更为完善。全市累计发展微型企业 56.07 万户，带动和解决就业 400.28 万人。民营经济保持平稳较快发展。2018 年重庆民营经济整体上保持平稳状态：前三季度，全市民营经济实现增加值 7468.53 亿元，同比增长 6.3%，增速与全市平均水平持平；民营经济增加值占全市 GDP 比重 50.6%，比去年底提高 0.1 个百分点。转变政府职能、简政放权进程加快推进，出台《关于优化行政审批流程促进行政审批提质增效的通知》，结构性减税政策得到进一步落实，行政审批中介服务收费得到逐步清理，切实降低制度性交易成本。

2.智能化发展水平显著提升

高质量发展从何入手？这是重庆步入新时代面对的新问题。梳理家底，重庆发现，制造业有 2 万亿的庞大规模，这其中 45% 是汽车和电子产业。重庆制造业规模虽然不小，但相当一部分处在产业链中低端，改造提升任务非常重。而经济领域每个产业行业，都存在一条长长的产业链条，在这个链条上，处于上游还是下游，高端还是中低端，将决定经济发展质量。让重庆的传统产业焕发活力，钥匙在哪里？重庆市委、市政府主要领导深入调

腾讯、京东、阿里巴巴、苏宁、小米等互联网巨头布局重庆

2017年12月1日，市政府与腾讯公司签署了深入推进重庆大数据和智能产业发展战略合作框架协议。双方将重点围绕深化大数据和智能产业发展，依托腾讯的数据资源、云计算大数据能力以及微信等社交平台产品，结合重庆产业发展特点，开展全方位、深层次、实质性战略合作。

2018年1月11日，市政府与阿里巴巴集团、蚂蚁金服集团签署战略合作协议，共同推进大数据智能化创新发展。根据协议，阿里巴巴将在渝设立区域中心，打造基于"城市大脑"的"智能重庆"，并在经济发展、社会治理和民生服务三大领域深入应用大数据、云计算、物联网、人工智能等前沿技术。

2018年4月11日，市政府与京东签署了共同推进大数据智能化创新发展战略合作协议，京东宣布将在重庆设立京东云区域总部，打造大数据智能化产业基地，开展长江大数据智能化研究院、数字经济产业基金、智能制造创新中心、西南电商集聚中心、"互联网+农业"乡村振兴合作创新中心等众多合作项目。

2017年11月29日，九龙坡区与苏宁控股集团签署战

略合作协议，双方将共同打造重庆苏宁慧谷项目。苏宁将加速产业投资和落地，全面落地布局苏宁智慧零售创新成果，将苏宁慧谷打造成为重庆市独一无二的"科技之城、生态之城、智慧之城"，助力重庆总部与济集聚和电商产业智慧化发展。

2018年4月10日，重庆市与小米公司签署战略合作协议，双方将重点围绕深化智能制造与智能化应用、大数据产业、新零售、消费金融等展开合作。

（资料来源：《互联网巨头的重庆布局》；作者：韩梦霖）

研，反复研究，给出了答案：运用大数据、智能化引领产业转型升级，推动互联网、大数据、人工智能同实体经济深度融合，大力推广智能化改造，将重庆传统制造优势和大数据智能化前沿技术结合起来，促进重庆产业转型升级，实现跨越式发展，把重庆打造成"中国制造2025"的先行区。

智能制造投入不断增加。重庆市财政近两年的重点研发项目等资金投入，八成以上用于大数据智能化领域。目前，重庆已有200多家企业实施了智能化改造，生产效率平均提高32.7%，产品不良品率则平均下降21.8%。2018年上半年，重庆市政府投入了1.56亿元，将带动大量社会资金投入到智能化改造。

智能化产业企业逐渐增多。制造业的智能化改造，也为重庆智能产业的壮大提供了基础，一大批智能产业全链条上的企业纷纷前往重庆安家落户。人脸识别、唇语识别等技术，都得到了快速发展。2018 年上半年，重庆新签约包括腾讯云工业互联网智能超算中心、紫光芯云、华润微电子等大数据智能化项目 100 个。阿里巴巴也把全球首个电商实时翻译 AI 带入了重庆，他们的目标是通过重庆向外辐射。目前，重庆已有智能化产业企业 3000多家，初步形成了集研发、整机制造、系统集成、零部件配套和应用服务于一体的机器人及智能装备产业链雏形。

智能化水平不断提升。数据显示，2017 年，重庆智能化产业实现销售收入超过 3500 亿元，同比增长 30% 左右，增速快于全市规模工业产值增速 20 个百分点。当前，重庆智能产业综合实力跻身全国前 10 位，其中电子信息产业进入前 8 位，软件服务行业排位第 13 位，在全国处于中上水平。重庆信息化发展指数为 72.18，位居全国第 12 位、西部第 2 位。交通、信息、公共安全、社会管理、教育等领域初步实现智能化，城市智慧生活指数在全国 324 个大中城市中名列第 7 位。大数据、智能化正引领着重庆这座年轻的直辖市迈向更加美好的未来。

智能化发展空间布局不断优化。重庆智能化发展注重多点支撑、错位发展以及相互协调。如两江新区积极打造国家级数字经济产业集聚区，西永微电子园区、重庆高新区、重庆经开区等重点打造一批国家级的智能产业集聚区和智能园区。渝北、江北、沙坪坝、北碚等主城区依托科技、教育、人才等方面的优势，大力发展软件服务、智能集成等产业。

链接

首届中国国际智能产业博览会在重庆举行

8月23—25日，首届中国国际智能产业博览会在重庆举行。开幕日当天，中共中央总书记、国家主席、中央军委主席习近平向大会致贺信！中共中央政治局常委、国务院副总理韩正出席开幕式，宣读习近平主席贺信并致辞。选定重庆作为永久会址。网络化、数字化、智能化是时代大潮，而重庆被选定为这一国家级智能产业大会的永久会址，其意义不言而喻：智能产业在重庆，必将带来一场动力持久的长足发展。

（资料来源：《成为智博会永久会址，吸引全球百家媒体聚焦，重庆凭什么？》；作者：杨光志）

3. 创新驱动发展战略深入实施

实施以大数据智能化为引领的创新驱动发展战略行动计划。全市有效期内高新技术企业2012家、高成长性企业202家，2017年规模以上工业企业研发投入占主营业务收入比重达到1.05%。截至2018年6月，市级以上重点实验室、工程技术研究中心等科研机构1463家，国家级企业技术中心达到24家以上，市级企业技术中心达到163家以上。组建轨道交通装备、物联网

链接 ////

加快引进高水平大学和科研院所在渝设立
分支机构或研究基地

中国科学院与重庆市近日签署战略合作协议，双方将共建新型科教创产融合发展联合体，其具体名称为"中国科学院大学重庆学院"（简称重庆学院），计划于 2019 年开始招生，以研究生教育为主体。

据悉，重庆学院第一期重点建设科研实验室、学术交流中心、人才房等基础设施重点工程，并组建人工智能学院、资源与环境学院、材料工程学院、生命科学学院等二级学院。重庆学院是直辖以来重庆高等教育加快发展的重大突破，是进一步优化重庆高等教育结构，扎实推进"双一流"建设的重大举措。重庆学院选址两江新区水土高新园片区，将立足重庆电子信息、新材料、生命医学、智能制造、生态环保等优势产业，按照小规模、高质量、有特色的方向发展，以培养经济社会发展急需的科学家、工程师和创业者为重点，建设多学科交叉融合、具有国际视野和国际影响力的科教创产融合发展的学院。

（资料来源：《中国科学院大学重庆学院成立》，百度百家号）

技术、智能网联汽车、机器人等 10 多个产业技术创新联盟。目前全市有重庆石墨烯研究院有限公司、重庆机器人产业技术创新研究院、中石化重庆页岩气产业技术研究院等新型研发机构 58 家，其中新型高端研发机构 16 家。基本建成科技要素交易中心，累计建设各级各类技术转移示范机构 21 家，通过技术交易转移转化科技成果 4191 项、成交额 374.4 亿元，全市专利授权 18739 件，其中发明专利授权 2520 件。

链接

重庆科技要素中心正式成立

2018 年 3 月 29 日，重庆科技要素交易中心在重庆市高新区留学生创业园区挂牌运营、正式开业。该中心是西南地区首家科技要素交易中心，主要以专利权、商标权和软件著作权为交易品，采取挂牌交易、单向竞价交易和协议交易三种交易方式，发展目标为 2022 年交易规模达到 300 亿元。现场科技要素中心还分别与工商银行、浦发银行、瀚华担保和股转中心进行了签约。

（资料来源：《重庆科技要素交易中心今日开业计划2022年交易规模300亿》；作者：佘振芳）

技术创新能力正在加速积累。重庆市主要科技创新领域涵盖车辆工程、自动化制造、机械电子、数字技术、材料加工、化学工艺、基因工程和药品制造等方面。重庆市凭借集成电路、智能网联汽车等六大核心产业发展优势，近三年数字经济类新增注册企业数量已超过 9.4 万家，在全国排在第 7 位。数字经济相关专利数量整体呈波动上升趋势。数字经济相关专利申请数据显示，较 2016 年上半年，2018 年上半年重庆市数字经济相关专利公开数量及发明授权的专利数量分别增长 16.37% 和 5.82%，形成了重庆市数字经济加速发展的技术储备池。

创新生态系统建设取得积极成效。截至 2018 年 6 月，启动实施创新研发专项 1520 项，安排经费 5.5 亿元。设立了多层次引导基金和投资基金，引进了风险投资等第三方投资。全市种子、天使、风险 3 支引导基金直接参股组建子基金 72 支，总规模达 205.86 亿元，累计投资项目 820 个、投资金额 120.45 亿元。组建知识价值信用贷款风险补偿基金 11 亿元，发放科技型企业贷款 283 家、金额 7.5 亿元。目前，科技创新板挂牌企业达到 223 家，创投企业 12 户，备案的公司制、合伙制创业投资基金 21 户。健全支持创新的政策体系，实行严格的知识产权保护制度，打破制约创新的行业垄断和市场分割，创新的法律保障体系更为健全。国家技术创新基地快速推进，不断整合标准技术资源，创新标准化工作机制，推动质量标准技术创新，促进质量、标准、科技、产业同步发展。营造勇于探索、公平竞争、宽容失败的社会氛围和尊重知识、崇尚创造、追求卓越的创新文化。

创新活力不断进发。科技人员、大学生创业者等重点群体创业创新趋势明显，小微企业特别是科技型小微企业加速发展，形成了大众创业、万众创新、活力迸发、成果涌现的良好格局。打造低成本、便利化、全要素、开放式的众创空间，累计建设科技企业孵化器 77 家、各类众创空间 307 家，其中国家级孵化平台 81 家，永川、猪八戒网络有限公司分别获批国家第二批双创示范区域、企业。采取资金扶持、政府采购、"创新券"补助等方式支持中小微企业开展科技研发和成果转化，科技型"小巨人"企业累计达到 8079 家。

链接

重庆股份转让中心（重庆OTC）科技创新板正式开板

2017 年 4 月 14 日，重庆股份转让中心（重庆 OTC）科技创新板正式开板。据悉，科创板是在重庆 OTC 现有孵化板和成长板的基础上，通过 B2C 模式新设的独立板块。科创板构建了以知识信用价值为核心，以"双高"企业（高技术性企业、高成长性企业）为重点，以科技研发、成果转化为功能的众筹募资体系。

（资料来源：《重庆OTC科创板全国首创》；

作者：秦洁、张祎）

4.产业结构调整步伐加快

战略性新兴制造业集群式发展。2018 年上半年占工业总产值比重达 24%，对工业增长贡献率达 37.5%。集成电路、新型显示、机器人全产业体系初步形成，物联网、新材料、节能环保、生物医药、页岩气和高端交通装备等领域企业加速集聚。以大数据智能化技术提档升级传统制造业。战略新兴产业新设市场主体数量不断攀升。新增市场主体数据显示，2013 年以来，重庆市新设战略新兴产业市场主体数量不断增加，由 2610 家增长至 2017年的 9007 家，增幅达 245.10%；相较于"十二五"末期，2017

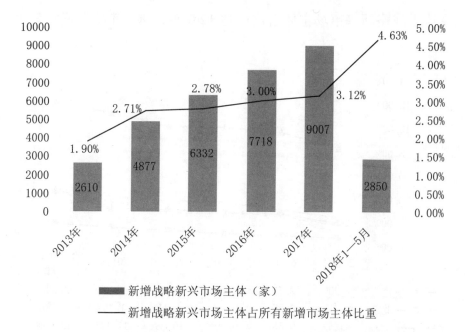

图 4-4　重庆新增战略新兴市场主体数量及占所有新增市场主体比重
　　数据来源：国家企业信用信息公示平台。

年新设战略新兴产业市场主体数量增幅达 42.25%。新设战略新兴产业市场主体占全部新设市场主体的比重也逐年上升，由 2013年的 1.90% 逐步增长至 2017 年的 3.12%；2018 年前 5 个月再创新高，达到 4.63%。这反映近年来重庆市战略新兴产业创业热度高涨，市场发展方向与政策导向十分吻合。

重庆战略新兴产业创业热度比肩北上广。与北京、上海、广东等主要发达省份对比，重庆市新设战略新兴市场主体占所有新设市场主体的比例明显超越北京，与广东省差距也不断缩小，已基本齐平（2018 年 1—5 月这一比例较广东省仅低 0.15%）；相较于战略新兴产业"领头羊"上海市，其 2018 年 1—5 月新增市场主体中战略新兴市场主体占比已达 12.03%，重庆市距其尚有较大差距。

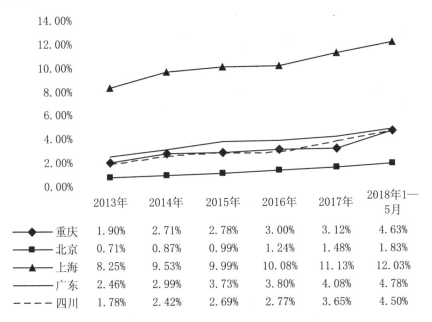

	2013年	2014年	2015年	2016年	2017年	2018年1—5月
◆ 重庆	1.90%	2.71%	2.78%	3.00%	3.12%	4.63%
■ 北京	0.71%	0.87%	0.99%	1.24%	1.48%	1.83%
▲ 上海	8.25%	9.53%	9.99%	10.08%	11.13%	12.03%
— 广东	2.46%	2.99%	3.73%	3.80%	4.08%	4.78%
- - 四川	1.78%	2.42%	2.69%	2.77%	3.65%	4.50%

图 4-5　重庆及对标省份新增市场主体中新兴战略产业相关数量占比

大力发展现代服务业。2017 年全市服务业占 GDP 比重达到 49%。现代物流快速发展，全市物流相关行业企业已达 11.3 万家,"3+12+N"市域物流园区网络体系不断完善。国内重要功能性金融中心建设全面提速,金融业增加值占 GDP 比重达 9.5%。"山水之城·美丽之地"旅游品牌影响力不断扩大,2017 年接待境内外游客 5.42 亿人次,实现旅游总收入 3308.04 亿元。全国重要物流枢纽加快推进。畅通物流大通道,以国家级综合交通枢纽为支撑的物流通道网络初步建立,国家"五横五纵"路网西部地区重要交汇点及"一带一路"和长江经济带在内陆地区的重要联结点逐步形成,内陆地区与东部沿海地区以及长江经济带与欧洲、南亚等地区的物流主通道初具雏形。畅通东向通道,协调建

链接 ▰▰▰

中欧班列(重庆)突破 2000 班

2018 年 6 月 28 日,一趟满载笔电产品的中欧班列(重庆)从沙坪坝区团结村中心站驶出,这是它开行以来的第 2000 班,保持了全国中欧班列中累计开行数量最多、运输货值最大的地位。"全国有 40 多个中欧班列,重庆是率先突破 2000 班的。"市物流办常务副主任杨丽琼称,这是中欧班列(重庆)发展过程中一个重要的里程碑,也是我市在建设物流通道上"行千里,致广大"的具体实践。

(资料来源:《中欧班列(重庆)突破 2000 班 全国中欧班列中累计开行数量最多、运输货值最大》;作者:杨骏)

立外贸班轮三峡大坝优先通航机制，开通渝甬铁海联运通道；拓展西向通道，打通南向通道，开通"渝黔桂新"铁海联运大通道。

农业现代化建设加快推进。农业结构调整加快推进，种植结构进一步优化，在保障全市基本口粮安全的前提下适当增加了经济作物种植面积，全市粮经比面积比为60∶40。现代农业产业体系加速构建，产业发展布局不断优化，因地制宜发展蔬菜、柑橘、生态渔业、草食牲畜、茶叶、中药材、调味品、木本油料、伏淡季水果、蚕桑、烟叶等特色产业，新发展特色产业150万

链接

重庆启动农村"三变"改革

我市日前正式启动农村资源变资产、资金变股金、农民变股东改革（简称"三变"改革），在38个涉农区县（含万盛经开区）各选择1个村试点，在明晰规范产权、优选产业项目、培育经营主体、强化资本运作、注重权益保障、防范管控风险等方面展开全面探索。为此，市财政将整合各级产业发展、基础设施建设、发展集体经济试点等资金，支持万州区太安镇凤凰社区、彭水县善感乡周家寨村等38个村推进此项改革。

（资料来源：《重庆正式启动农村"三变"改革》；

作者：廖雪梅）

亩。良种繁育、标准化种植养殖基地、加工储藏、冷链物流、后期研发一体化发展加快推动，加快构建特色效益农业全产业链，重点特色产业链综合产值达到 1200 亿元。支持农业企业"走出去"与"引进来"，拓展特色农产品出口市场，推进丰都县、石柱县澳洲肉牛进口，完善肉牛养殖、屠宰、分销产业链，全市农产品进出口贸易额 13.07 亿美元。农业产业化水平不断提高。目前农业部门认定的家庭农场 18946 家、农民合作社 3.15 万个、农民合作社联合社 208 家、农业产业化龙头企业 3493 家（国家级 32 家、市级 805 家）。全市规模经营集中度为 36.4%。全市涉农电子商务交易额达 450 多亿。全市有效期内"三品一标"达 3539 个。

5. 人才强市建设全面推进

国家级市级专家队伍不断壮大。现有"两院"院士 16 人，国家"千人计划"人选 99 人、"万人计划"人选 76 人，"百千万人才工程"国家级人选 110 人，国家突出贡献中青年专家 91 人，"长江学者"特聘教授 34 人，享受国务院政府特殊津贴专家 2588 人。深入开展市级专家培养选拔，目前有重庆市"两江学者"43 人、重庆市"特支计划"人选 234 人、重庆市"百人计划"人选 137 人、首席专家工作室领衔专家 60 人等。

人才吸纳能力稳步提升。重庆深入实施积极就业政策，扎实推进高校毕业生就业创业促进计划，率先在国内走出了"行政+市场"的组合模式。着力推出的"就在山城"和"渝创渝新"就业创业两大公共服务品牌，对高素质人才特别是大学生的吸引力不断增强。高校毕业生本地就业比率高位上扬，2017年达64.90%，分别高于北京、上海2.22和13.18个百分点。

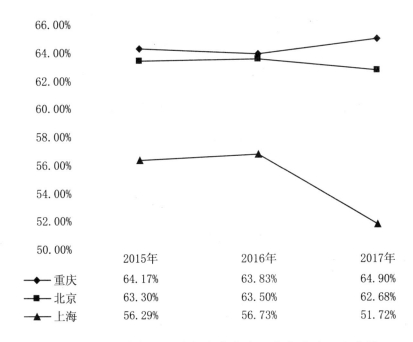

图4-6 重庆与主要发达城市毕业生本地就业比率情况

数据来源：各地教委发布的2015—2017届《普通高校毕业生就业情况报告》。天津、湖北、陕西、四川等地无发布数据或数据不全。

薪酬结构进一步改善。工资水平是衡量城市对人才吸引力的重要指标，也是影响就业质量的关键因素。从网络招聘数据来看，重庆就业薪酬结构明显改善，中高水平工资比例不断提升。具体来看，5000—10000元月薪资占比从2015年的43.68%迅速上升到2018年的53.27%，10000元以上月薪资占比从2015年的8.12%上升到2018年的17.35%；低薪酬比例则明显下降，5000

元以下月薪资占比从 2015 年的 48.2% 迅速下降到 2018 年的
29.38%。

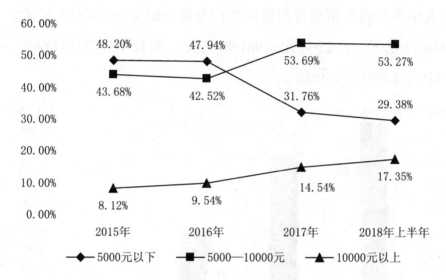

图 4-7　重庆市网络招聘提供的月薪资水平占比变化情况

数据来源：智联招聘、前程无忧、猎聘网、拉勾网、应届生求职网、
58 同城、赶集网等主要网络招聘网站。

6. 区域一体化发展快速推进

第一，四大板块的地区生产总值稳步上升。四大板块即主城
区、渝西地区、渝东北地区和渝东南地区。主城区包括渝中区、
大渡口区、江北区、沙坪坝区、九龙坡区、南岸区、北碚区、渝
北区、巴南区、两江新区；渝西地区包括涪陵区、长寿区、江津
区、合川区、永川区、南川区、綦江区、大足区、璧山区、铜梁
区、潼南区、荣昌区和万盛经开区；渝东北地区包括万州区、开
州区、梁平区、城口县、丰都县、垫江县、忠县、云阳县、奉节

县、巫山县、巫溪县；渝东南地区包括黔江区、武隆区、石柱县、秀山县、酉阳县、彭水县。2017年，主城区、渝西地区、渝东北地区和渝东南地区的地区生产总值分别实现 7568.98 亿元、6186.17 亿元、3122 亿元、981.98 亿元，增长率分别达 7.66%、9.51%、8.83%、6.89%。

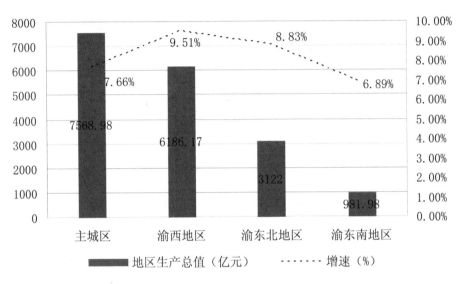

图 4-8　2017 年各板块地区生产总值和增速

第二，四大板块初步呈现特色发展的态势。主城地区加快完善以金融商贸、总部经济为核心的现代服务业体系建设，打造高端制造业集群，强化生产性服务业发展，电子核心基础部件、新能源汽车、机器人、3D 打印等战略性新兴制造业加速集聚，城市配送及冷链服务、跨境电子商务结算等新兴服务业协同发展。渝西地区 2017 年工业总量占全市的 27% 左右，对全市工业增长贡献率 30% 左右，工业投资占全市的 47.5%。渝东北和渝东南地区加快培育生态民俗旅游、生态效益农业等特色产业。其中，渝东北地区打造了环长江三峡湖光山色之旅精品旅游线。发展三峡精品游轮、三峡腹地深度游、三峡观光休闲游、特色乡村游等各类精品游线 35 条。渝东南地区编制完成生态经济走廊规划；仙女山成为全国首批 17 个国家级旅游度假区之一。2017 年，大三峡片区接待游客 9188.74 万人次，同比增长 23.1%，实现旅游收入 607.27 亿元，同比增长 29.7%，旅游投资达 581.03 亿元。大武陵片区接待游客 8528.86 万人次，同比增长 25%，实现旅游收入 585.41 亿元，同比增长 32%，完成旅游投资 179.64 亿元。

第三，交通设施建设推进区域间互联互通能力增强。2017年，全市高速公路运营里程突破 3000 公里，铁路运营里程达 2353 公里，成渝高铁、渝万高铁等建成通车。"一环八线"城市轨道交通网加快构建，轨道运营里程达到 264.3 公里。在建里程达 201.9 公里，1 号线大学城至璧山段、5 号线跳蹬至江津正加速建设开通，主城区和渝西地区轨道一体化发展实现突破。正快速推进郑万高铁、城开高速、奉建高速、巫山机场等对外通道，及普通国省干线公路改造工程。

第四，基本公共服务均等化水平进一步提高。深入推进国家《"十三五"推进基本公共服务均等化规划》，8 个领域 81 项基本公共服务项目均已全面实施，其服务标准已达到国家要求，个别项目在服务覆盖人群上已超过了国家确定标准。落实免费义务教育制度，义务教育生均公用经费基准定额实现城乡统一。主城区优质医疗、教育等公共服务资源稳步向外转移，人口有序向外疏解，优质公共服务资源均等化布局进一步增强，如重庆八中、巴蜀中学、人民小学、市妇幼保健院等公共服务资源从主城地区内环板块向内环以外延伸扩展。各区县域内义务教育学校结对帮扶、捆绑发展实现全覆盖，到2017年底，渝东北和渝东南地区累计改善农村义务教育薄弱学校逾3000所、寄宿制学校逾500所。区县域内医联体实现全覆盖，域内就诊率近90%，渝东北和渝东南累计升级改造了近600个乡镇卫生院和逾1000多个行政村卫生室。

表4-2　渝东北渝东南地区教育医疗改善情况

内容	数量
改善农村义务教育薄弱学校数量（所）	>3000
改善寄宿制学校数量（所）	>500
域内就诊率（%）	90
升级乡镇卫生院数量（个）	600
升级行政村卫生室数量（个）	>1000

　　第五，区县协同合作的程度加深。到2017年底，累计到位帮扶实物量逾39亿元，工业园区、城乡基础设施、扶贫开发分别投入帮扶实物量7.46亿元、8.11亿元、9.84亿元。教育和医疗卫生方面分别投入4.56亿元、1.63亿元；协助招商引资方面，累计引进项目落地145个，协议引资额522.82亿元。其中已建成投

产项目 95 个,占引进项目总数的 65.52%;在建项目 50 个,占总数的 34.48%。已到位投资 349.37 亿元,占协议引资额的66.82%;实际完成投资 311.16 亿元,占引资额的 59.52%。项目和投资的完成率均超过 50%。

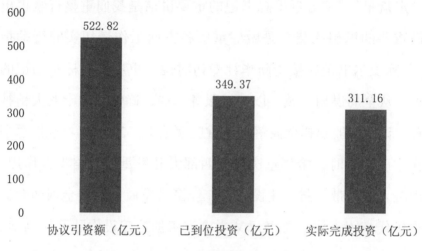

图 4-9 区县协助招商引资

(三)重庆如何深入推进高质量发展

习近平总书记要求重庆加快建设内陆开放高地、山清水秀美丽之地,努力推动高质量发展、创造高品质生活,这一重要指示涵盖了经济与社会、城市与乡村、自然与人文等各个方面,为重庆未来发展指明了方向。然而,推进重庆高质量发展任重而道远、系统而复杂,既需要立足于当下,又需要长远布局;既需要抓住重点,又需要统筹全局。在这里,我们可将进一步推进重庆高质量发展的思路概括为:"一个思想""两个理念""三个关键""四个环境"和"五个重点"。

1. 始终贯彻"一个思想"

"一个思想"即习近平新时代中国特色社会主义思想。"习近平新时代中国特色社会主义思想是党的十九大的灵魂和主线，是我们改造主观世界和客观世界的'源头活水'，是做好各项工作的'定盘星'。""习近平总书记的重要讲话是我们重整行装再出发最重要的思想武装，是做好重庆各方面工作最切实的行动指南。"陈敏尔书记在接受新华社专访时说，重庆要对标总书记的要求，从全局谋划一域、以一域服务全局，确保党的十九大精神和总书记的殷殷嘱托全面落实在重庆大地上。2016年习近平总书记在重庆调研时，希望重庆发挥西部大开发重要战略支点作用，积极融入"一带一路"建设和长江经济带发展。今年全国两会参加重庆代表团审议，总书记又要求重庆加快建设内陆开放高地、山清水秀美丽之地，努力推动高质量发展、创造高品质生活。立足"两点"，建设"两地"，实现"两高"，必须要始终坚持党的领导，始终贯彻习近平新时代中国特色社会主义思想。

2. 深入践行"两个理念"

一是新发展理念。从理论指导实践来看，推进重庆高质量发展，必须深入践行新发展理念。唐良智市长指出，推动高质量发展，核心要义是全面践行、一体贯彻新发展理念。崇尚创新，推进供给侧结构性改革，以大数据智能化引领产业转型升级，建设现代化经济体系。注重协调，实施乡村振兴战略，促进城乡融合发展。倡导绿色，坚持生态优先、绿色发展，打好污染防治攻坚战，建成山清水秀美丽之地。厚植开放，建成内陆开放高地，在内陆地区带头开放、带动开放。推进共享，保障和改善民生，打好精准脱贫攻坚战，让改革发展成果更多更公平惠及人民群众。

二是辩证统一理念。从辩证唯物主义来看，经济发展是一个螺旋式上升的过程，上升不是线性的，量积累到一定阶段，必须转向质的提升，这是经济发展的规律使然，也合乎唯物辩证法的基本原理。我们要学好、用好辩证法，审时度势，科学设计，以辩证思维来处理推动重庆高质量发展中遇到的以下六个辩证统一的关系：

第一，正确把握整体推进和重点突破的关系。推动高质量发展是一项系统工程，必须坚持稳中求进工作总基调。要坚持"两点论"与"重点论"的统一，善于厘清主要矛盾和次要矛盾、矛盾的主要方面和次要方面。牢牢把握高质量发展的根本要求、工作主线、基本路径、制度保障和具体着力点，做到全局和局部相配套、治本和治标相结合、渐进和突破相衔接，实现整体推进和重点突破相统一，不断增强重庆经济创新力和核心竞争力。

第二，正确把握总体谋划和久久为功的关系。重庆作为我国西部唯一的直辖市，经济发展起步较晚，推动经济高质量发展任重道远。当前，我们既要打好防范化解重大风险、精准脱贫、污染防治三大攻坚战，又要大力转变经济发展方式、优化经济结构、转换增长动力，特别是要净化市场环境、提高人力资本素质、全面提高国家治理能力。为此，我们必须保持战略定力，坚持久久为功，统筹做好跨越关口、推动高质量发展的顶层设计和总体谋划，正确把握实现长远目标和做好当前工作的关系，把经济发展各项工作做好做实。

第三，正确把握破除旧动能和培育新动能的关系。发展动力决定发展速度、效能、可持续性。推动高质量发展必须坚定不移推进供给侧结构性改革，大力破除无效供给，着力培育壮大新动能，促进新旧动能加快接续转换，加快建设现代化经济体系。需要注意的是，表现为三大失衡的结构性矛盾，其根源就在于生产要素配置扭曲，必须靠深化要素市场化改革才能从根本上解决。要积极稳妥腾退、化解旧动能，推动形成市场决定要素配置的机制，为新动能发展创造条件、留出空间。要积极推动经济发展质量变革、效率变革、动力变革，加快建设实体经济、科技创新、现代金融、人力资源协同发展的产业体系。

第四，正确把握生态环境保护和经济发展的关系。生态环境保护和经济发展不是矛盾对立的关系，而是辩证统一的关系。生态环境保护的成败，与经济结构和经济发展方式息息相关。绿色发展是建设现代化经济体系的必然要求，我们决不能把生态环境保护和经济发展割裂开来，更不能对立起来，要坚持在发展中保护、在保护中发展。要加大力度推进生态文明建设，正确处理好绿水青山和金山银山的关系，构建绿色产业体系和空间格局，引导形成绿色生产方式和生活方式。这不仅是推动高质量发展的内在要求，更是关系重庆经济社会永续发展的根本大计。

第五，正确把握维护公平与讲求效率的关系。实现高质量发展就是要把做大蛋糕和分好蛋糕有机统一起来，处理好公平和效率的关系。推动高质量发展必须着力解决收入分配差距较大的问题，调整收入分配格局，使发展成果更多更公平惠及全体人民。这样不仅有利于激发各种生产要素特别是劳动者的积极性，扩大中等收入群体，而且有利于提升全社会购买力，创造更大规模市场，推动经济更有效率、更加公平、更高质量、更可持续发展。

第六，正确把握推动高质量发展与创造高品质生活的关系。推动高质量发展与创造高品质生活，是内在联系、有机统一的，要通过推动高质量发展为人民群众创造高品质生活，通过创造高品质生活来激发高质量发展的动力活力。重庆在推进高质量发展的同时，应突出抓好乡村振兴和城市品质提升，让城乡居民有更多获得感、幸福感、安全感。

3. 牢牢把握"三个关键"

习近平总书记在参加十三届全国人大一次会议广东代表团审议时强调："发展是第一要务，人才是第一资源，创新是第一动力。"这一重要论述，高度概括了推动高质量发展需要牢牢把握的三个关键，需要我们深刻领会和贯彻落实。

第一，牢牢把握发展这个第一要务。习近平总书记多次强调，发展是解决我国一切问题的基础和关键，必须坚定不移把发展作为党执政兴国第一要务。进入新时代，发展的重要性没有变，发展是第一要务没有变，改变了的是发展的内涵和重点。新时代发展的核心要义就是高质量发展。高质量发展是实现中华民族伟大复兴中国梦的必然要求，也是满足人民日益增长的美好生活需要的必然要求。重庆具有实现高质量发展的光明前景。重庆直辖以来，特别是"十三五"规划以来，经济社会快速发展，经济发展质量和效益并重，创新驱动能力不断提升，协调发展统筹推进，可持续发展能力变强，开放发展和共享发展都在稳中推进，这为高质量发展奠定了良好的基础。重庆当前区域发展存在不平衡不充分问题，既体现了发展的差距，也说明经济蕴含着巨大的发展潜力。

第二，牢牢把握人才这个第一资源。"功以才成，业由才广。"推动高质量发展，离不开资金、技术、信息等资源，但这些资源要更好发挥作用，要成为推动高质量发展的现实生产力，都需要人才这个因素对其进行整合、组织和运用。人才资源是撬动其他资源的首要资源，是最重要的起着决定性作用的资源。重庆要实现高质量发展，需要聚天下英才而用之，当前尤其需要三类人才。

高质量发展需要大量创业人才。从经济形态来看，高质量发展表现为产业结构、产品结构、产品质量和经济效率等优化提升的过程。而从市场主体观察，推动高质量发展的过程，则主要表现为那些具有创业精神和经营管理才能的人才，根据现实的资源要素条件和市场需求潜力，对资源进行整合、组织和运用的过程。这个过程，也就是组建新企业、形成新产业的过程。创业人才的资源整合和组织行为并不是简单被动地接受现实，它不仅能够在现有的资源、政策和体制环境下进行创业，而且还会通过其创业行为影响和引导各类要素的升级和改进，从而对整个经济的转型升级和质量提升起到重要推动作用。

高质量发展需要大量创新人才。高质量发展需要创新驱动，而创新驱动实际上就是人才的驱动。新理念、新技术、新产品、新业态、新模式等，都不会凭空出现，都要靠创新人才。推进经济转型升级，关键也要靠创新人才的支撑。20世纪下半叶以来，科学技术迅猛发展，特别是以信息技术、人工智能、生命科学等为主导的高新技术日新月异，而创新人才作为高新技术的发明者、创造者、传播者和使用者，已经成为当代科技进步和经济社会发展最重要的资源。当今世界，国家间、区域间的竞争最根本的是科技实力的竞争，说到底是人才的竞争。竞争的焦点，是作为人才资源核心的高层次科技人才的数量和质量。

高质量发展需要高素质的技工队伍。随着供给侧结构性改革的不断深化，高素质技工队伍建设的重要性日益凸显。细节决定品质，工艺的精度直接影响最终产品的质量和档次。产业升级并不是简单地以机器替代人，还需要更高水平的技术工人。高技能人才不足和结构不合理，在很大程度上限制了制造业品质的提升。因此，我们必须高度重视培养高素质技工队伍，让制造业领域涌现越来越多的"大国工匠"。

第三，牢牢把握创新这个第一动力。习总书记指出，"综合国力的竞争说到底是创新的竞争"，"抓创新就是抓发展，谋创新就是谋未来"。推动高质量发展意味着必须不断提升全要素生产率，不断增强发展新动力新活力。既要不断提高产品和服务的质量，也要不断推出能够更好满足人民需求的新产品新服务；既要不断降低产品和服务的成本，也要尽可能减少对生态环境的破坏。实现这些要求，离不开创新。

"强起来要靠创新，创新要靠人才。"习近平总书记这句话言简意赅、内容丰富，深刻阐明了"三个第一"的逻辑关系，明确了推动高质量发展需要把握的工作重点。"发展是第一要务"体现了"强起来"的根本要求，表明转向高质量发展阶段，并不是说发展不重要了，更不是要改变以经济建设为中心的基本方针，而是要实现更高质量、更好效益、更加公平和更可持续的发展。"创新是第一动力""人才是第一资源"明确了推动高质量发展的工作重点。推进高质量发展，不仅要破除体制机制障碍，增强创新动力；还要优化政策环境，激发人才活力，着力营造有利于创新发展和凝聚人才的环境。

4. 努力改善"四个环境"

第一，改善金融环境。改善金融环境，关键在于提高金融环境的稳定性，即要有更加稳定的金融体系，地方债务风险得到有效释放，金融脆弱性不断降低，宏观审慎的监管环境更加灵活有效，金融基础设施更加的发达，互联网金融得到有效监管，物价、汇率相对稳定，真正为实体经济的发展提供强有力的支撑。

重庆要推进高质量发展，必须进一步改善金融环境，防范金融风险，创造更加稳定的金融环境，使金融更好地服务于实体经济。

第二，改善生态环境。改善生态环境，就是要实现自然环境的提升，使重庆成为山清水秀美丽之地。但是，重庆"山清水秀美丽之地"建设的挑战十分严峻。一是生态环境约束性较强，生态质量持续改善难度大；二是城乡空间格局优化难度大，基础设施配套建设难，能源交通结构转变难；三是生态产业化、产业生态化发展面临较多困难；四是三峡库区水污染防治难度大，跨区域跨流域污染防治困难；五是城市污染防治任务较重；六是体制机制尚未完善；七是重庆人文精神发掘不够。针对上述问题，一方面，我们要加强生态环境保护工作系统性、整体性和环境应急能力；另一方面，要加强生态文明建设的顶层设计，健全生态文明法治体系、制度体系、执法监管体系和治理能力体系，生态文明体制改革有待进一步深化。此外，还要加强人文精神的发掘，培育发扬广大人民群众的生态保护意识。

第三，改善政策环境。政府调控要更加强调政策的连续性、稳定性与协同性。一方面，要保持政策的连续性、稳定性，一张蓝图绘到底；另一方面，要更加强调政策的统筹和协同，政策的着力点也有所变化和侧重。此外，要重点优化人才政策环境，激发人才活力。要按照习近平总书记的要求，树立强烈的人才意识，做好团结、引领、服务工作，真诚关心人才、爱护人才、成就人才；加快构建具有全球竞争力的人才制度体系，让人才创新创造活力充分迸发，使各方面人才各得其所、尽展其长。除了从户籍管理、福利待遇、创业补贴等方面制定优惠政策之外，关键是要努力形成有利于人才创新创业的体制和政策环境，用事业吸引人、留住人、激励人。2016 年 3 月中共中央印发了《关于深化人才发展体制机制改革的意见》，从人才管理体制以及人才培养、评价、激励、引进、保障等多个方面，提出了全面系统的改革举措和支持政策。对重庆来说，就是要紧密结合地方、行业实际，将其落到实处，尤其是要针对人才流动、人才激励和创新创业环境中长期存在的一些难点问题，精准发力，重点突破，务求取得实效。

第四，改善收入分配环境。改善收入分配环境，就是要有更加合理的收入分配水平。城乡差距、人群差距、区域差距不断缩小，社会越来越呈现中等收入阶层占多数、富人和穷人占少数的橄榄形特点，以利于实现有质量的幼有所教、老有所养。城镇化程度将不断提高，乡村更加宜居，产业更加振兴。重庆要打赢脱贫攻坚战，应该在现有成果的基础上，继续努力、毫不松懈，充分发挥政府投入主渠道的作用，落实地方政府主体责任，团结社会扶贫的各种力量，坚持精准扶贫、精准脱贫，确保如期打赢脱贫攻坚战，实现全面建成小康社会，为推进高质量发展奠定坚实的基础。

5. 突出抓好"五个重点"

一是深入推进供给侧结构性改革。继续抓好"三去一降一补",在"破、立、降"上狠下功夫。严格执行质量、环保、能耗、安全等法规标准,倒逼落后产能和无效供给退出。把补短板作为深化供给侧结构性改革的重点任务,加大基础设施、社会民生、科技创新等领域补短板力度。实施房地产市场系统调控和超前调控,培育发展住房租赁市场,促进房地产市场平稳健康发展。依法依规对低效、无效企业及空壳公司进行市场出清,优化破产重整机制,做好企业债务处置和职工安置工作。开展互联网金融、非法集资、信用卡等专项治理,防范化解经济金融风险,守住不发生区域性、系统性风险的底线。强化政府性债务管控,清理整合融资平台,积极化解隐性债务,坚决制止政府违规举债、违规承诺担保等行为。

二是大力提升智能化水平。立足现有优势和基础,推动互联网、大数据、人工智能同实体经济深度融合,加快形成智能产业、智能制造、智能化应用"三位一体"发展格局。着力壮大智能产业规模,加快发展数字经济,构筑完整的产业链和价值链,培育经济新增长点,形成新动能。运用大数据智能化引领产业转型升级,推动制造业加速向数字化、网络化、智能化发展。运用大数据智能化服务广大社会民生,推进"互联网+教育""互联网+医疗""互联网+文化"等,扩大扶贫、就业、交通、生态环境等领域普及应用,提升公共服务均等化、普惠化、便捷化水平。

三是加快实施创新驱动发展战略。整合科技研发资金,实施一批重大研发项目。培育和引进科技研发平台,搭建技术创新联盟，推进一批关键技术和创新产品的研发及产业化。推动高新区、农业科技园区和大学科技创新城升级发展，提升运营水平和产出效益。做实"双一流"建设各项工作，增强源头创新能力。优化高校专业结构，增设人工智能、大数据、智能制造、生物医药等学院和专业。实施引才专项行动，下大力气引进创新创业领军人才和高水平创新团队，带动各类创新人才加速集聚。着力实施万名高端人才聚集、十万产业人才培养、百万紧缺实用人才开发、高水平大学建设等十大行动，加快构建现代人才、教育和科技发展体系，推动人才与发展有效匹配、教育与产业紧密对接、科技与经济深度融合。

四是大力推进民营经济发展。营造公平竞争环境，有效破解"准入难"，打破各种各样的"卷帘门""玻璃门""旋转门"。有效破解"融资难"，加强政银企对接，拓宽民营企业融资途径。有效破解"降本增效难"，切实减轻企业税费负担，帮助企业降低生产经营、物流、用气用电等成本。有效破解"政策落地难"，加强政策协调性，加大政策宣传解读力度，完善政策执行方式，抓好政策兑现落实，让民营企业从政策中增强获得感。有效破解"转型升级难"，引导企业做强做优主业，加强大数据智能化创新，积极开拓市场，不断提升核心竞争力。

五是推进工业绿色发展。牢固树立"绿水青山就是金山银山"的理念，保护好长江经济带，大力实施生态优先绿色发展战略行动计划，推动工业节能减排和资源综合利用，构建绿色产品、绿色工厂、绿色园区为主的绿色制造体系，努力把重庆工业建设成为长江经济带绿色发展的样板。建设生态经济体系，守好产业"准入关"，做好"加减法"，着力形成绿色发展方式。

二 实现高品质生活

（一）什么是高品质生活

1. 如何理解高品质生活

"希望重庆广大干部群众团结一致、沉心静气，加快建设内陆开放高地、山清水秀美丽之地，努力推动高质量发展、创造高品质生活，让重庆各项工作迈上新台阶。"2018 年全国两会期间，习近平总书记在参加重庆代表团审议时首次明确使用"高品质生活"的概念，将之与"高质量发展"并提。高品质生活，是在切实做好普惠性、基础性、兜底性民生建设，在发展中补齐民生短板的基础上，更好满足人民在经济、政治、文化、社会、生态等方面日益增长的需要的生活。由于人民群众的需要呈现多样化多层次多方面的特点，创造高品质生活首先要做好量的突破，再来实现质的提升。

切实做好普惠性、基础性、兜底性民生建设，在发展中补齐民生短板是高品质生活的基础。"治国有常，而利民为本。"习近平总书记反复强调："人民对美好生活的向往，就是我们的奋斗目标。"2012 年 11 月，在党的十八届一中全会上，习近平总书记就指出："检验我们一切工作的成效，最终都要看人民是否真正得到了实惠，人民生活是否真正得到了改善，这是坚持立党为公、执政为民的本质要求，是党和人民事业不断发展的重要保证。"党的十八届五中全会提出坚持以人民为中心的发展思想，把增进人民福祉、促进人的全面发展、朝着共同富裕方向稳步前进作为经济发展的出发点和落脚点。习近平总书记指出："不断提高人民生活质量和水平，是我们一切工作的出发点和落脚点，也是全面建成小康社会的根本目的。"李克强总理在十三届全国人大一次会议的政府工作报告中也提出："我们所做的一切工作，都是为了人民。要坚持以人民为中心的发展思想，从我国基本国情出发，尽力而为、量力而行，把群众最关切最烦心的事一件一件解决好，促进社会公平正义和人的全面发展，使人民生活随着国家发展一年比一年更好。"

经过长期努力，中国特色社会主义进入了新时代，人民生活不断改善。深入贯彻以人民为中心的发展思想，一大批惠民举措落地实施，人民获得感显著增强。脱贫攻坚战取得决定性进展，6000多万贫困人口稳定脱贫，贫困发生率下降到4%以下。教育事业全面发展，中西部和农村教育明显加强。就业状况持续改善，城镇新增就业年均1300万人以上。城乡居民收入增速超过经济增速，中等收入群体持续扩大。覆盖城乡居民的社会保障体系基本建立，人民健康和医疗卫生水平大幅提高，保障性住房建设稳步推进。社会治理体系更加完善，社会大局保持稳定，国家安全全面加强。但也必须认识到，人民群众的生活水平还尚需进一步提高。正如十九大报告所讲，"民生领域还有不少短板，脱贫攻坚任务艰巨，城乡区域发展和收入分配差距依然较大，群众在就业、教育、医疗、居住、养老等方面面临不少难题"。

正所谓民之所盼，政之所向。必须坚持以人民为中心的发展思想，落实民生无小事、枝叶总关情的情怀与要求，从解决群众最关心最直接最现实的利益问题入手，做好普惠性、基础性、兜底性民生建设，全面提高公共服务共建能力和共享水平，满足老百姓多样化的民生需求。多谋民生之利、多解民生之忧，在发展中补齐民生短板、促进社会公平正义，在幼有所育、学有所教、劳有所得、病有所医、老有所养、住有所居、弱有所扶上不断取得新进展，深入开展脱贫攻坚，保证全体人民在共建共享发展中有更多获得感，不断促进人的全面发展、全体人民共同富裕。建设平安中国，加强和创新社会治理，维护社会和谐稳定，确保国家长治久安、人民安居乐业。

更进一步地，高品质生活是对人民群众美好生活需要的积极回应，"更好满足广大人民日益增长、不断升级和个性化的物质文化和生态环境需要"。马克思指出"人的需要即人的本性"，"需要是人对物质生活条件和精神生活条件依赖关系的自觉反映"。马克思认为"人以其需要的无限性和广泛性区别于其它一切动物"。按照马克思的观点，人的需要从对象层次上可以划分为自然性需要和社会性需要。恩格斯认为人的需要有生存需要、享受需要、发展需要三个高低不同的层次。美国心理学家马斯洛的需要层次理论则把人的需要分为五个基本层次，即生理需要、安全需要、归属和爱的需要、尊重的需要以及自我实现的需要。人的需要会随着社会发展和生活水平的提高而不断变化发展。正如马克思所说，"由于人类的发展的自然规律，一旦满足了某一范围的需要，又会游离出、创造出新的需要"。我国古代思想家墨子的一段话也很好的表达了这一思想："食必常饱，然后求美；衣必常暖，然后求丽；居必常安，然后求乐。"

在我国稳定解决了十几亿人的温饱问题，总体上实现小康，不久将全面建成小康社会的今天，人民群众需要的内涵在不断丰富，品质层次在不断提高，生存需要正在向享受需要、发展需要拓展，物质需要正在向精神需要、社会需要拓展。人民的生活需求不再局限于吃饱穿暖，消费成为一种时尚，享受和发展需要成为主流。我国消费结构正由物质型消费为主向服务型消费为主转变，文化旅游体育消费、健康养老家政消费与教育培训托幼消费正成为当前居民消费增长最快、热点最多、潜力最大的领域。2017年，全国人均教育文化娱乐消费支出2086元，同比增长8.9%，占人均消费支出的比重为11.4%。2018年中国国庆黄金周，全国共接待国内游客7.26亿人次，同比增长9.43%；实现国内旅游收入5990.8亿元，同比增长9.04%。2017年7月，习近平总书记在省部级主要领导干部专题研讨班上的讲话中指出，"经过改革开放近40年的发展，我国社会生产力水平明显提高；人民生活显著改善，对美好生活的向往更加强烈，人民群众的需要呈现多样化多层次多方面的特点，期盼有更好的教育、更稳定的工作、更满意的收入、更可靠的社会保障、更高水平的医疗卫生服务、更舒适的居住条件、更优美的环境、更丰富的精神文化生活"。党的十九大报告也指出，"人民美好生活需要日益广泛，不仅对物质文化生活提出了更高要求，而且在民主、法治、公平、正义、安全、环境等方面的要求日益增长"。例如，在消费升级的大趋势下，"剁手一族"正向"品质一族"迈进，穿衣戴帽，讲究品牌、口碑，中高端消费、个性化消费渐成主流，各大电商平台更加注重提高商品品质和用户体验。再如，根据江苏省环境保护公共关系协调研究中心发布的 2017 年度《江苏省公众环境意识调查报告》，公众普遍环保关注度非常高，其中对环境问题的关注度高达 95.01%，对环境质量的关注度为 78.39%。

中国特色社会主义新时代，我国社会主要矛盾已经由原来的人民日益增长的物质文化需要同落后的社会生产之间的矛盾，转化为人民日益增长的美好生活需要和不平衡不充分的发展之间的矛盾。习近平总书记强调"以前我们要解决'有没有'的问题，现在则要解决'好不好'的问题"。党的十九大报告指出，"我们要在继续推动发展的基础上，着力解决好发展不平衡不充分问题，大力提升发展质量和效益，更好满足人民在经济、政治、文化、社会、生态等方面日益增长的需要，更好推动人的全面发展、社会全面进步"。

2. 如何衡量高品质生活

由于每个个体生活目标、价值观念、文化背景、对同一事物的主观体验等存在差异，决定了人民群众的美好生活需要有着丰富的内容和规定，具有日益增长、不断升级和个性化的特征。但是，人民群众的美好生活需要也具有共性的一面，人民群众普遍"期盼有更好的教育、更稳定的工作、更满意的收入、更可靠的社会保障、更高水平的医疗卫生服务、更舒适的居住条件、更优美的环境、更丰富的精神文化生活"。因此，高品质生活是对更好的教育、更稳定的工作、更满意的收入、更可靠的社会保障、更高水平的医疗卫生服务、更舒适的居住条件、更优美的环境、更丰富的精神文化生活的需要的满足。

第一，满足对"更好的教育"的需要。教育是民族振兴和社会进步的基石，事关国家未来。国以人立，业以人兴。百年大计，教育为本。什么是更好的教育？更好的教育，就是人人享有、人人出彩，是更高质量、更加公平的教育。从"有学上"到"上好学"，人民群众期望值不断提高的背后，既是教育发展重心的阶段性转移，也是中国教育砥砺前行的新起点。2013 年 9 月，习近平总书记在联合国"教育第一"全球倡议行动一周年纪念活动上发表视频贺词指出，中国将坚定实施科教兴国战略，始终把教育摆在优先发展的战略位置，不断扩大投入，努力发展全民教育、终身教育，建设学习型社会，努力让每个孩子享有受教育的机会，努力让 13 亿人民享有更好更公平的教育，获得发展自身、奉献社会、造福人民的能力。这既是中国共产党为中国教育事业发展设定的改革路线图，也是中国政府对人民热切期盼的积极回应。党的十八大以来，保障公民享有更多受教育机会，始终是中国教育事业发展的首要目标；促进教育公平和提高教育质量，始终是中国推进教育改革与发展的两个重要维度。党的十九大报告提出"建设教育强国是中华民族伟大复兴的基础工程，必须把教育事业放在优先位置，深化教育改革，加快教育现代化，办好人民满意的教育"。

从《关于深化考试招生制度改革的实施意见》到《统筹推进世界一流大学和一流学科建设总体方案》，从《乡村教师支持计划（2015—2020 年）》到《关于深化教育体制机制改革的意见》，

教育是民族振兴和社会进步的基石

一连四个上下贯通、关涉全局的顶层设计方案的通过与实施，对于人民群众关切的教育需求做出了积极回应。孩子放学早、家长下班晚，存在"时间差"？——建立健全课后服务制度，鼓励各地各校根据学生身心发展特点和家长需求，探索实行弹性离校时间，提供丰富多样的课后服务。课外机构良莠不齐、鱼龙混杂？——规范校外教育培训机构，严格办学资质审查，规范培训范围和内容。有特殊需要的孩子入学怕被歧视？——完善特殊教育融合发展机制，改进特殊教育育人方式，强化随班就读，建立健全融合教育评价、督导检查和支持保障制度。基层教师流失？——"国将兴，必贵师而重傅；贵师而重傅，则法度存。"教师是立教之本、兴教之源。切实提高教师待遇，完善中小学教师绩效工资制度，改进绩效考核办法，使绩效工资充分体现教师的工作量和实际业绩，确保教师平均工资水平不低于或高于当地公务员平均工资水平。

第二，满足对"更稳定的工作"的需要。就业是最大的民生，也是经济发展最基本的支撑。李克强总理在2017年大连夏季达沃斯论坛开幕致辞中说："我们坚持把就业置于发展优先位置，因为就业是包容性增长的根本。"坚持实施就业优先战略，全面提升劳动者就业创业能力，实现比较充分和高质量的就业，是培育经济发展新动能、推动经济转型升级的内在要求，对发挥人的创造能力、促进群众增收和保障基本生活、适应人们对自身价值的追求具有十分重要的意义。在面对经济增速放缓、结构调整力度加大的新形势下，在劳动力供给仍处高位、结构性就业矛盾日益突出的情况下，2017年中国城镇新增就业1351万人，年末城镇登记失业率为3.9%，降至多年低点。五年来，城镇新增就业累计超过6600万人，高校毕业生总体就业率均在90%以上，农村劳动力转移就业规模持续扩大，110万去产能职工得到多渠道安置。麦可思研究院联合中国社科院发布的《中国大学生就业报告》显示，中国大学生毕业即创业比例从2011届的1.6%上升到2017届的3.0%，以2017年795万名应届毕业生的总量计算，年创业大学生的数量超过20万名，类似"OFO""饿了么"等大学生创业估值10亿美元以上的"独角兽"级别企业不断出现。瑞士洛桑国际管理学院（IMD）发布的《2017年度世界竞争力报告》显示，中国的"就业表现"在全球63个主要经济体中名列首位。经济合作与发展组织（OECD）发布的《G20结构性改革进展的技术性评估报告》认为，"生产率增长及高水平就业已成为中国经济增长的主要动力"。

中国在稳定就业上的亮眼成绩，殊为不易。行百里者半九十。习近平总书记指出，我们"决不能因为胜利而骄傲，决不能因为成就而懈怠，决不能因为困难而退缩"。2018年7月31日，中共中央政治局召开会议，分析研究当前经济形势，部署下半年经济工作。会议强调，要做好"稳就业、稳金融、稳外贸、稳外资、稳投资、稳预期"这"六个稳"工作。其中"稳就业"被放在首要的位置。通过稳定经济增长和调整经济结构，特别是扶持小微企业和服务业发展，努力增加就业岗位。抓好高校毕业生就业工作，加大自主创业支持力度，对就业困难毕业生进行帮扶，增强学生就业创业和职业转换能力。鼓励大学生志存高远、脚踏实地，转变择业观念，勇于到基层一线和艰苦地方去，把人生的路一步步走稳走实，善于在平凡的岗位上创造不平凡的业绩。做好化解产能过剩中出现的下岗再就业工作，加强城镇困难人员、退役军人、农村转移劳动力就业工作，搞好职业技能培训、完善就业服务体系，缓解结构性失业问题，推动实现更高质量的就业。

第三，满足对"更满意的收入"的需要。更满意的收入，既有量的增加，也讲究各群体的均衡。如同诸多涉及民生领域的问题一样，提高收入水平是人民群众最关心最直接最现实的利益问题，也是紧扣我国社会主要矛盾变化，需要常抓不懈的工作。2016年5月，习近平总书记在主持召开中央财经领导小组第十三次会议时强调，扩大中等收入群体，关系全面建成小康社会目标的实现，是转方式调结构的必然要求，是维护社会和谐稳定、国家长治久安的必然要求。党的十九大报告把提高人民收入水平作为逐步实现全体人民共同富裕时代目标的重要内容，强调"坚持在经济增长的同时实现居民收入同步增长、在劳动生产率提高的同时实现劳动报酬同步提高"。提高人民收入水平，既是政府的责任，政策部署要尽力而为、量力而行；也要充分激发人民群众自身的努力，在公共政策搭建的平台下，努力实现人人尽责、人人享有。只有通过上下合力，形成促进居民收入提高的有效宏观政策体系和微观激励机制，才能努力让人民群众有更满意的收入，实现高品质的生活。

在把"蛋糕"不断做大的同时，还要把"蛋糕"分好，让人民群众有更多的获得感。近年来，中央先后出台了《关于深化收入分配制度改革的若干意见》《关于激发重点群体活力带动城乡居民增收的实施意见》《关于实行以增加知识价值为导向分配政策的若干意见》《关于实施乡村振兴战略的意见》《关于打赢脱贫攻坚战三年行动的指导意见》等重要文件。首先，坚持按劳分配原则，完善按要素分配的体制机制，促进收入分配更合理、更有序。鼓励勤劳守法致富，扩大中等收入群体，增加低收入者收入，调节过高收入，取缔非法收入。拓宽居民劳动收入和财产性收入渠道。履行好政府再分配调节职能，加快推进基本公共服务均等化，缩小收入分配差距。其次，实施乡村振兴战略行动计划。加快构建新型工农城乡关系，促进城乡资源要素合理流动、优化配置，走城乡融合发展之路。巩固和完善农村基本经营制度，建立健全农民稳定增收长效机制，走共同富裕之路。深化农业供给侧结构性改革，构建现代农业产业体系、生产体系、经营体系，走质量兴农之路。着力改善生产、生活、生态环境，走乡村绿色发展之路。传承发展提升农耕文明，走乡村文化兴盛之路。创新乡村治理体系，走乡村善治之路。最后，坚决打赢脱贫攻坚战。让贫困人口和贫困地区同全国一道进入全面小康社会是我们党的庄严承诺。要动员全党全国全社会力量，坚持精准扶贫、精准脱贫，坚持中央统筹省负总责市县抓落实的工作机制，强化党政一把手负总责的责任制，坚持大扶贫格局，注重扶贫同扶志、扶智相结合，深入实施东西部扶贫协作，重点攻克深度贫困地区脱贫任务，确保到2020年我国现行标准下农村贫困人口实现脱贫，贫困县全部摘帽，解决区域性整体贫困，做到脱真贫、真脱贫。

第四，满足对"更可靠的社会保障"的需要。解除后顾之忧，方有幸福生活。人民群众获得幸福感和获得感的背后，需要一个全面的、可靠的社会保障体系。中央政府高度重视社会保障工作，十九大提出"按照兜底线、织密网、建机制的要求，全面建成覆盖全民、城乡统筹、权责清晰、保障适度、可持续的多层次社会保障体系"的部署。经过不断推进社会保障领域的改革与发展，我国已经形成以社会保险、社会救助、社会福利为基础，以基本养老、基本医疗、最低生活保障制度为重点，以慈善事业、商业人身保险为补充，并且包括社会优抚、军人保险、住房保障等在内的社会保障制度体系。2016年11月，国际社会保障协会（ISSA）将"社会保障杰出成就奖"授予中国政府，以表彰我国近年来在扩大社会保障覆盖面工作中取得的卓越成就。截至2016年底，我国基本养老、失业、工伤、生育保险参保人数分别达到8.88亿人、1.81亿人、2.19亿人、1.85亿人，基本医疗保险覆盖人数超过13亿人，"全民医保"梦想成真。

顺应人民群众对拥有"更可靠的社会保障"的新期望，中国社会保障正在由"从无到有"向"从有到好"转变。一个个上扬的数字，成为"可靠社保"的生动注脚：到 2016 年，职工医疗保险和居民医疗保险基金最高支付限额分别达到当地职工年平均工资和当地居民年人均可支配收入的 6 倍。城乡居民基本医疗保险补助标准从 2012 年的 240 元提高到今年的 450 元；全国月平均失业保险金水平由 2012 年的 707 元提高到 2016 年的 1051 元，年均增长 10.4%；2016 年，全国 18451 万人参加生育保险，913.7 万人次享受生育保险待遇，人均待遇水平达 15385 元，比 2012 年增加 4098 元……待遇高了，背后是不断充实的社保基金。2016 年，各项社会保险基金总收入合计 5.36 万亿元，比 2012 年增加 2.28 万亿元；年末五项基金累计结余 6.63 万亿元，抗风险能力显著增强。

第五，满足对"更高水平的医疗卫生服务"的需要。人民健康是民族昌盛和国家富强的重要标志。"没有全民健康，就没有全面小康。"实现国家繁荣、民族富强、人民幸福的重要基础就是人民群众拥有健康。倘若人民群众失去了健康，落入我们眼中的尽是"病叟"样，青年无精神，社会无生气，国家又何以繁荣、民族又何以富强、人民又何以幸福？使全体中国人民享有更高水平的医疗卫生服务，使人民拥有健康之体魄，既是我们实现中国梦的重要内在基础，也是我们"两个一百年"奋斗目标的重要组成部分。习近平总书记在会见世界卫生组织总干事时指出，当今世界，医疗卫生同政治、经济、文化、社会等各领域发展的关系日益密切，对国际关系和外交政策影响不断上升。中国政府高度重视维护人民健康并在深化改革、健全全民医保制度、完善医疗卫生服务体系、建立基本药物制度、推进基本医疗和公共卫生服务均等化方面取得了重要进展。

但同时，中国仍然面临许多挑战。在日渐高涨的"看病贵"的呼声中，必须理顺虚高不下的药品价格，既要确保患者看得起病，又不能挫伤药品生产企业的积极性；在优质医疗资源分配不均的前提下，必须统筹推进分级诊疗和异地就医结算，既要保障患者看得好病，又要解决"大医院人满为患，小医院无人问津"的两难；在发展不平衡的城乡二元格局中，必须完善基本医保、大病保险、特困救助等措施，既要杜绝老百姓"小病拖，大病扛"，也要严防医保基金跑冒滴漏、弄虚作假。坚定意志，攻坚克难。我们要把维护人民健康权益放在重要位置，按照保基本、强基层、建机制的要求，统筹安排、突出重点、循序渐进，进一步深化医疗保障、医疗服务、公共卫生、药品供应、监管体制综合改革，探索医改这一世界性难题的中国式解决办法，着力解决人民群众看病难、看病贵，基本医疗卫生资源均衡配置等问题，通过对医疗资源的再分配和有效推动医疗卫生服务工作下沉机制，实现人人享有基本医疗卫生服务的目标，为人民群众提供更高水平的医疗卫生服务，以更加健康的姿态迈进中国特色社会主义新时代。

第六，满足对"更舒适的居住条件"的需要。从"安得广厦千万间，大庇天下寒士俱欢颜"的情怀，到"良田万顷，日食三升；广厦千间，夜眠八尺"的劝诫，"安居"一直是中国百姓心中的大事。住房，体现的不仅是个人栖居的生活方式，更是政府的民生关怀；房价，牵动的不仅是经济走向，更是整个社会的神经。党的十九大报告指出，"房子是用来住的、不是用来炒的"。安居工程，是民生工程，更是民心工程。安居才能乐业，花更大的精力用于保障房建设，既能保障民生，实现"安居梦"，又能促进中国经济社会的持续健康发展，可谓"一把钥匙，打开多把锁"。要尊重规律，努力探索适合国情、符合发展阶段性特征的住房模式。从我国国情看，总的方向是构建以政府为主提供基本保障、以市场为主满足多层次需求的住房供应体系。要处理好政府提供公共服务和市场化的关系、住房发展的经济功能和社会功能的关系、需要和可能的关系、住房保障和防止福利陷阱的关系。只有坚持市场化改革方向，才能充分激发市场活力，满足多层次住房需求。同时，对于一部分群众由于劳动技能不适应、就业不充分、收入水平低等原因而面临住房困难，政府必须"补好位"，为困难群众提供基本住房保障。从棚户区改造，到保障性住房建设，再到农村危房改造、游牧民安居工程建设……近年来，随着各类保障性安居工程建设的不断推进。2013—2016 年，我国建成城镇保障性安居工程住房、棚户区改造和公租房 2485 万套，改造农村地区建档立卡贫困户危房 158 万户。千千万万百姓搬进新居，提升了幸福指数，迎来了新生活。

"全体人民住有所居"只是基本目标，在住有所居后，居住条件的舒适程度就被提到了一个非常重要的地位。除了相对宽松的空间，人们开始更加关注房屋的设计格局、管线布埋情况、更新维修的方便性、防护系统的健全与有效性、建筑材料等。各类旧住房修缮改造，是事关长远、十分重要的惠民举措，能更好满足人民群众对美好生活的向往。过去，背街小巷的居民们生活在有许多私自搭建的小煤棚、墙角堆砌物料的胡同里，脏乱差的环境一度让他们难以忍受。而现在，改造后腾出的空间通过小微增绿、立体增绿，使平房区的居住环境变得更好了，成为名副其实的"百花深处"。过去，老旧小区里，"悬空老人"难以上下楼的故事并不鲜见。随着老龄化程度的不断加深和空巢老人的增多，爬楼梯让老年人渐渐力不从心，腿脚不便、关节不好、拎不动重物，让他们出行"苦不堪言"，做梦都希望能够过上电梯生活。合力助推老旧住宅加装电梯后，老年人就不愁爬楼，更爱出门了。居住条件舒适度的提高成为人民群众高品质生活的有力证明。

第七，满足对"更优美的环境"的需要。中国进入特色社会主义新时代，总体看社会生产力水平已经显著提高，社会生产能力在很多方面已名列世界前茅。但是，我国仍存在许多不平衡和不充分的问题，尤其是人民对优美生态环境的迫切需要与现有的发展方式、经济结构之间的矛盾仍很突出。人民群众对干净的水、清新的空气、优美的环境等的要求越来越高，生态环境在群众生活幸福指数中的地位不断凸显，环境问题日益成为重要的民生问题。"环境就是民生，青山就是美丽，蓝天也是幸福。"老百姓过去"盼温饱"，现在"盼环保"；过去"求生存"，现在"求生态"。习近平总书记指出，"必须看到，我们也积累了大量生态环境问题，成为明显的短板，成为人民群众反映强烈的突出问题。比如，各类环境污染呈高发态势，成为民生之患、民心之痛。这样的状况，必须下大气力扭转"。十九大报告提出"加快生态文明体制改革，建设美丽中国"的新要求，"既要创造更多物质财富和精神财富以满足人民日益增长的美好生活需要，也要提供更多优质生态产品以满足人民日益增长的优美生态环境需要"，这是对人民新时代美好生活需要的最暖心回应。

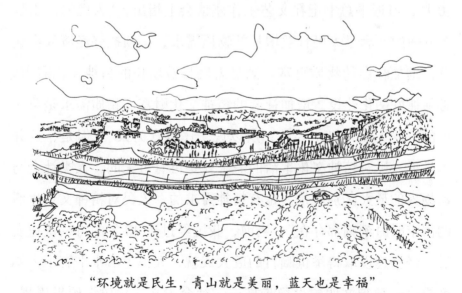

"环境就是民生，青山就是美丽，蓝天也是幸福"

面对新时代人民群众的优美生态环境需要，一方面要积极构建市场导向的绿色技术创新体系，破解物质财富积累和资源环境之间的矛盾，形成生产系统和生活系统循环链接，实现生活水平的提高和生态环保的双赢。"绿水青山就是金山银山。"让优美生态环境成为人民生活的增长点、成为经济社会持续健康发展的支撑点、成为展现我国良好形象的发力点，让中华大地天更蓝、山更绿、水更清、环境更优美。另一方面要引导全民参与生态环境建设，倡导绿色消费方式和绿色生活方式。群之所为事无不成，众之所举业无不胜。每个人都行动起来，形成人人、事事、时时崇尚生态文明的良好风尚，就能推动形成绿色发展方式和生活方式，共同创造美好家园。

第八，满足对"更丰富的精神文化生活"的需要。2014 年 10 月，习近平总书记在文艺工作座谈会上指出，"人民的需求是多方面的。满足人民日益增长的物质需求，必须抓好经济社会建设，增加社会的物质财富。满足人民日益增长的精神文化需求，必须抓好文化建设，增加社会的精神文化财富。物质需求是第一位的，吃上饭是最主要的，所以说'民以食为天'。但是，这并不是说人民对精神文化生活的需求就是可有可无的，人类社会与动物界的最大区别就是人是有精神需求的，人民对精神文化生活的需求时时刻刻都存在"。当前，我国经过近 40 年的持续快速发展，经济建设取得举世瞩目的巨大成就，人民生活水平有了大幅度提高，精神文明建设稳步推进，社会主义文化建设硕果累累。但是，我们也应看到，我国文化发展与经济社会发展、城乡和区域文化发展还不平衡，精神文化建设、文化软实力建设还不充分，文化发展同经济社会发展与人民日益增长的精神文化需要还不完全适应。随着人民生活水平不断提高，人民对包括文艺作品在内的文化产品的质量、品位、风格等的要求也更高了。文学、戏剧、电影、电视、音乐、舞蹈、美术、摄影、书法、曲艺、杂技以及民间文艺、群众文艺等各领域都要跟上时代发展、把握人民需求，以充沛的激情、生动的笔触、优美的旋律、感人的形象创作生产出人民喜闻乐见的优秀作品，让人民精神文化生活不断迈上新台阶。

建设社会主义文化强国，必须把满足人民群众日益增长的精神文化需求作为社会主义文化建设的根本目的，文艺创作持续繁荣，文化事业和文化产业蓬勃发展，做到文化发展依靠人民、文化发展为了人民、文化发展成果由人民共享，切实保障人民群众基本文化权益，构建更丰富的精神文化生活。首先，更丰富的精神文化生活必须传承弘扬中华优秀传统文化，坚定文化自信。2016年5月，习近平总书记在哲学社会科学工作座谈会上的讲话中指出，要加强对中华优秀传统文化的挖掘和阐发，使中华民族最基本的文化基因与当代文化相适应、与现代社会相协调，把跨越时空、超越国界、富有永恒魅力、具有当代价值的文化精神弘扬起来。其次，更丰富的精神文化生活必须学习借鉴世界优秀文化成果。习近平总书记在文艺工作座谈会上的讲话中说，"我出访所到之处，最陶醉的是各国各民族人民创造的文明成果"，他强调，我们社会主义文艺要繁荣发展起来，必须认真学习借鉴世界各国人民创造的优秀文艺，只有坚持洋为中用、开拓创新，做到中西合璧、融会贯通，我国文艺才能更好发展繁荣起来。最后，更丰富的精神文化生活必须坚持以创新创造引领文化发展。2016 年 11 月，习近平总书记在中国文联十大、中国作协九大开幕式上的讲话中明确指出，创新是文艺的生命。要把创新精神贯穿文艺创作全过程，大胆探索，锐意进取，在提高原创力上下功夫，在拓展题材、内容、形式、手法上下功夫，推动观念和手段相结合、内容和形式相融合、各种艺术要素和技术要素相辉映，让作品更加精彩纷呈、引人入胜，把最好的精神食粮奉献给人民。

（二）重庆高品质生活现状如何

习总书记曾强调"增进民生福祉是发展的根本目的"。高品质生活是人民群众经济、政治、文化、社会和生态各方面的美好需要获得更好保障和满足的生活。"十三五"以来，重庆市民生领域获得感呈逐年上升趋势，由 2015 年的 71.92 上升至 2018 年上半年的 78.38。"十三五"以来，重庆市在扶贫、污染治理、教育、社保等方面做出一系列举措，以改善重庆人民生活福祉，获民众纷纷点赞。

具体来看，"十三五"以来，民众对重庆市扶贫领域的获得感最高，达到 95。其次，民众对就业、环保领域的获得感也均达到 80 以上，分别为 84.24、82.89。就业方面，2018 年 2 月，重庆市首场"百企进村送万岗"就业扶贫专场招聘活动在石柱县中益乡举办。环保方面，近两年重庆市从各方面不断推进污染防治攻坚战，成效初显。例如，重庆市黑臭水体整治工作如火如荼，目前，全市 48 段黑臭水体基本消除黑臭，实现了住建部、环保部要求的"初见成效"目标。

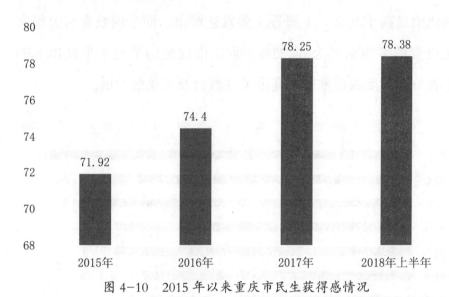

图 4-10　2015 年以来重庆市民生获得感情况

　　第一，教育事业发展强劲。为积极落实习近平总书记"民生无小事"的情怀和要求，重庆市政府在"幼有所育、学有所教"上持续用力，通过发展普惠性学前教育，完善幼师培养体系，确保幼有所育；实施义务教育均衡优质发展、高中阶段教育提质攻坚、学生资助体系建设、儿童关爱服务、市民终身学习五大工程，确保学有所教。近年来，为进一步推动教育文化事业的发展，重庆市在教育与公民文化领域的投资投入方面下足了功夫。从横向比较，"十三五"上半期，重庆市公共服务投资项目主要包括教育与公民文化、健康与疾病预防、住房管理、社会保障、就业与企业发展服务，投资比例分别为 73.21%、12.23%、3.73%、5.25%、5.59%。可以看出，教育与公民文化投资占比明显高于其他项目投资占比。从纵向比较，重庆市教育与公民文化占比明显高于北京、上海等主要发达城市，而全国教育与公民文化投资的平均水平为 64.22%，重庆市较全国平均水平高出 8.99 个百分点，反映出重庆市高度关注教育及文化的发展。

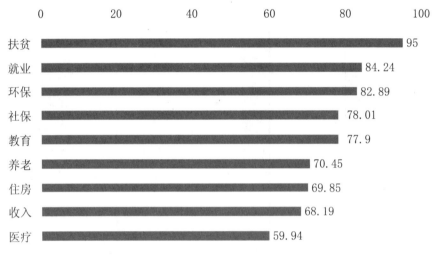

图 4-11   "十三五"期间重庆市民生各领域获得感情况

近年来，全市落实基本公共教育，促进教育基本公共服务均等化，取得显著社会成效，教育服务能力大幅度提升。重庆市人民群众在教育方面的获得感、幸福感进一步提高，特别是免费义务教育等服务项目满意度评价很高。教育事业的成效主要表现为：基础教育持续健康发展，学前教育得到快速发展，义务教育均衡发展，普通高中改革发展逐步推进，职业教育不断创新发展，高等教育内涵建设切实加强、教育结构得到优化和调整，教育综合改革深入推进。

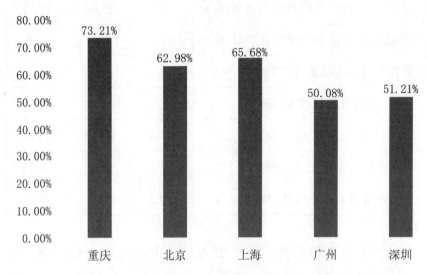

图 4-12　教育与公民文化公共服务的投资占比比较

近年来，全市落实基本公共教育，促进教育基本公共服务均等化，取得显著社会成效，教育服务能力大幅度提升。重庆市人民群众在教育方面的获得感、幸福感进一步提高，特别是免费义务教育等服务项目满意度评价很高。教育事业的成效主要表现为：基础教育持续健康发展，学前教育得到快速发展，义务教育均衡发展，普通高中改革发展逐步推进，职业教育不断创新发展，高等教育内涵建设切实加强、教育结构得到优化和调整，教育综合改革深入推进。

表 4-3　重庆教育事业发展情况

指标	2015年	2016年	2017年
财政教育支出占公共财政支出比例(%)	17	17.63	17.52
主要劳动年龄人口平均受教育年限(年)	10.3	10.7	10.9
义务教育基本均衡县(区)的比例(%)	37.5	65	87.5
在园幼儿普惠率(%)	73	75	76.24
义务教育巩固率(%)	93.4	93.53	94
高中阶段学校毛入学率(%)	93.1	95.12	95.98
高等教育毛入学率(%)	40.5	43	45.2

第二，就业形势持续稳定。就业是最大的民生。习总书记指出，要坚持就业优先战略和积极就业政策，实现更高质量和更充分就业。大规模开展职业技能培训，注重解决结构性就业矛盾，鼓励创业带动就业。提供全方位公共就业服务，促进高校毕业生等青年群体、农民工多渠道就业创业。破除妨碍劳动力、人才社会性流动的体制机制弊端，使人人都有通过辛勤劳动实现自身发展的机会。完善政府、工会、企业共同参与的协商协调机制，构建和谐劳动关系。重庆市政府深入贯彻习总书记指示，在就业创业方面取得了显著成效。截至 2018 年 6 月底，全市城镇登记失业率为 3.5%，调查失业率为 4.85%。2016—2018 年 6 月底，全市城镇新增就业达到 188.68 万人。2018 年 1—6 月，全市城镇新增就业 42.4 万人。总体上看，全市劳动就业形势持续保持稳定。

大力开发新增就业岗位。一是积极培育新的就业增长点,已建成16个服务外包示范园区和14个服务贸易特色产业园,实现服务贸易就业5.3万人;发展微型企业56.07万户,带动就业400.3万人;加快发展现代农业,建立农村创业创新园区(基地)151个,农村双创经营主体45890个,农村双创人员总数12.56万人,带动就业人数117.26万人;培育种养大户14.5万个、农民合作社3.3万家,发展家庭农场2.57万家,有效促进农村人口本地就业。二是缓解困难地区困难行业就业压力。

多举措引导重点群体就业。一是引导和鼓励高校毕业生到基层就业。二是促进农村劳动力转移就业。通过大力发展新产业、新业态拓宽就业渠道,新增就业保持在60万以上;全市返乡创业创办经济实体39.5万户,吸纳城乡劳动力就业172.2万人;通过加强农村贫困劳动力培训,累计培训农村贫困劳动力5.4万人次,促进就业8.9万人。三是举办各类专场招聘活动2200余场次,提供岗位70余万个,促进就业5万余人。四是培育市级创业孵化基地和农民工返乡创业园,带动就业。五是化解过剩产能职工安置工作。

就业创业服务水平不断提升。一是加强基层公共就业服务平台建设,健全覆盖城乡的公共就业服务体系。二是推进公共人力资源市场标准化、信息化、规范化建设,积极开展职业指导、职业介绍等人力资源服务。三是就业失业登记等部分就业服务及政策经办实现实时动态更新,社保补贴、创业担保贷款等事项实现

"网上申报、网上办理、网上反馈"。

和谐劳动关系不断促进。一是在成立了市协调劳动关系三方委员会和办公室。截至 2018 年 6 月底，全市共建立各级三方组织 950 个，正在形成专门协调力量向基层、向行业、向大型企业覆盖的良好局面。二是全面实施劳动合同制度，集体协商和集体合同制度普遍建立。截至 2017 年底，企业劳动合同签订率达到 95%。三是持续加强基层劳动争议调解组织规范化建设，全面落实调解组织"六规范五上墙"。

第三，城乡居民收入不断增长。提高人民收入水平是人民群众最关心最直接最现实的利益问题，也是逐步实现全体人民共同富裕时代目标的重要内容。习总书记指出，要扩大中等收入群体，增加低收入者收入，调节过高收入，取缔非法收入，拓宽居民劳动收入和财产性收入渠道。收入提高是亿万老百姓的期盼，是他们最直接的获得感。重庆市为提高人们的获得感，采取了一系列提高收入的措施。

让贫困人口和贫困地区同全国一道进入全面小康社会是我们党的庄严承诺。因此创造高品质生活，必须首要解决贫困问题。习总书记强调要"切实做好普惠性、基础性、兜底性民生建设"。重庆市为打好精准脱贫攻坚战，指出要动真感情，下真功夫，扎实推进精准脱贫，确保到 2020 年现行标准下农村贫困人口稳定脱贫、贫困区县全部摘帽。推进交通扶贫和金融扶贫，因地制宜开展特色种养、生态旅游、电子商务、就业创业等扶贫行动，增强贫困地区、少数民族地区"造血"功能。实施健康扶贫和教育扶贫工程，落实社保兜底政策。深化易地扶贫搬迁。深度改善贫困地区生产生活生态条件，深度调整产业结构，深度推进农村集体产权制度改革，深度落实各项扶贫惠民政策，引导各类资金和项目向18个深度贫困乡镇倾斜，着力破解深度贫困问题。把扶贫和扶志、扶智结合起来，激发贫困群众脱贫内生动力。自"十三五"以来，重庆市脱贫攻坚工作稳中有进，扶贫质量持续提高，脱贫效果明显，贫困群众的获得感、幸福感显著增强。

扶贫投入持续加大，累计脱贫人口不断增加。2017年全年安排财政性扶贫资金51.21亿元，比上年增长12.7%，累计脱贫人口242.93万人，比上年增长7.06%。农村居民人均可支配收入呈

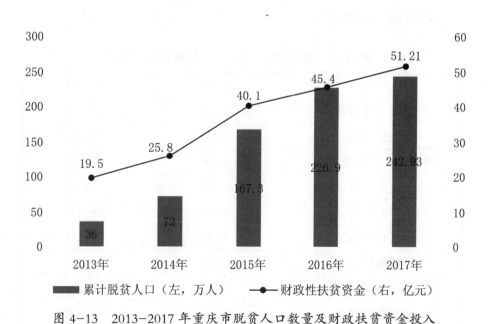

图4-13　2013-2017年重庆市脱贫人口数量及财政扶贫资金投入

逐年上升趋势。2017 年达到 12638 元。富民增收成效显著。从增速来看，"十三五"以来，农村居民人均可支配收入增速均高于 9%，且高于城镇居民人均可支配收入增速，说明城乡收入差距逐渐缩小。

精准扶贫十大工程备受关注。为实现精准扶贫，重庆市全面推进实施精准扶贫十大工程。基于互联网数据分析发现，舆论对"龙头企业带动"的满意度最高，达到 97.03。"十三五"以来，重庆市还通过开展"精准扶贫·圆梦行动"公益助学活动进行教育扶贫；开展"光明扶贫工程"，对建卡贫困户患有白内障疾病的进行扶贫资助；开展"阳光扶贫行动计划"，对贫困地区进行电力扶贫；开展"万户百村行长扶贫工程"，进行金融扶贫等，均获得民众一致认可。

表 4-4　重庆市十大扶贫工程民众获得感

名称	满意度	关注度
龙头企业带动	97.03	88.22
光伏扶贫	94.55	86.39
致富带头人创业培训	94.46	79.41
旅游扶贫	93.59	91.44
干部驻村帮扶	92.99	83.06
扶贫小额信贷	92.45	84.79
构树扶贫	90.44	80.32
电商扶贫	90.43	88.99
职业教育培训	90.13	87.18
异地扶贫搬迁	74.67	90.52

各地区通过十大扶贫工程，精准脱贫的成效显著。农村贫困地区生产生活条件显著改善，全市农村贫困地区的交通设施、水利工程、能源保障、农村环境整治、通讯设施等基础设施建设明显提速，到村到户设施持续推进，贫困人口居住条件明显改善。截至 2017 年底，18 个贫困区县中，涪陵、潼南、南川、忠县、万州、黔江、武隆、丰都、秀山 9 个区县实现整体摘帽；截至 2018 年 6 月底，开州、云阳、巫山 3 个区县（16 万贫困人口、129 个贫困村实现脱贫）实现整体摘帽。

城镇居民和农村居民收入均有所增长，城乡收入差距不断缩小。近年来我市人均可支配收入增速基本适应经济发展速度，发展成果惠及城乡居民。农村居民人均可支配收入增幅高于城镇居民，城乡收入差距逐年缩小，农村居民人均可支配收入连续七年高位增长，收入水平实现大跨越。2016 年全市居民人均可支配收入 22034 元，比上年增长 9.6%。按常住地分，城镇常住居民人均可支配收入 29610 元，增长 8.7%；农村常住居民人均可支配收入 11549 元，增长 9.9%。2017 年全市居民人均可支配收入 24153 元，比上年增长 9.6%。按常住地分，城镇居民人均可支配收入 32193 元，增长 8.7%；农村居民人均可支配收入 12638 元，增长 9.4%。同时城乡居民收入差距从 2015 年的 3.40∶1 下降至 2017 年 2.26∶1。

收入渠道逐渐扩宽。城乡工资性收入仍占主要部分，经营性收入有所增加，财产性收入开始提高，转移性收入变化较大。农村居民人均可支配收入中工资性收入、财产净收入、转移净收入分别增长100%，这反映了城乡居民收入渠道呈现良好的发展态势。同时，通过工资调整机制不断完善，工资收入分配逐步合理；落实机关事业单位人员基本工资标准正常调整机制，优化工资结构；完善事业单位绩效工资政策等拓展居民的收入渠道情况。

收入分配制度不断完善，地区工资差距逐渐在调控，艰边津贴逐渐落实。收入分配秩序逐渐规范。一是加强制度建设，健全工资支付保障机制；二是大力规范用工单位劳动合同、工程建设、资金管理等行为，规范劳动合同；三是加大工资支付诚信体系建设；四是落实"两金三制"制度，将"两金三制"落实情况作为年度考核的重要内容，从源头上保障农民工工资支付；五是加强劳动保障监察执法，为群众构建多渠道举报投诉机制，畅通农民工维权举报投诉渠道；六是加强司法联动和打击恶意欠薪，市人力社保、法院、检察、公安等部门建立了拒不支付劳动报酬案件查处工作联席会议制度，以提升打击拒不支付劳动报酬犯罪行为的力度。

第四，社会保障日趋完善。按照兜底线、织密网、建机制的要求，近年来重庆市政府全面建成覆盖全民、城乡统筹、权责清晰、保障适度、可持续的多层次社会保障体系；全面建立覆盖城乡的基本医疗卫生制度、医疗保障制度和公共卫生服务体系，发展健康产业，实现病有所医。实施全民参保计划，发展社区养老和智慧养老，实现老有所养；实施基本民生保障、社会福利普惠、社会服务优化行动，做到弱有所扶。

社会保险体系趋于完善。社会保障水平显著提升，全市基本养老保险参保率一直保持在 95%，城镇常住人口住房保障覆盖率达到 21.77%。全民参保登记计划稳步实施，社保降费减负政策落实到位，基金安全可持续运行，社保待遇稳步提升，社保制度体系不断完善，开展了基本养老保险基金投资运营，促进企业年金规范运营、准备启动职业年金。

"发展型"社会救助体系不断完善。通过制定相关文件，优化救助审核审批程序，建立部门协调机制，建立和完善监督评估机制等一列手段，健全完善社会救助法规制度和管理机制；通过设立贫济困医疗基金、实施"惠民济困保"、建立支出型贫困救助等政策，扩大了城乡医疗救助范围；通过将农村低保标准与扶贫标准"两线合一"，提升了城乡救助保障水平；通过广泛开展防灾减灾宣传教育、组织开展救灾应急演练、创建全国综合减灾示范社区、培训灾害信息员，全面提升防灾减灾救灾能力；通过规范流浪乞讨人员救助管理服务，加强与其他社会救助制度的转介衔接，建立流浪乞讨人员生活标准与城市低保标准同步自然增长机制，使得流浪乞讨人员救助更加及时。

适度"普惠型"社会福利体系初步建立。重庆市政府制定社区养老服务"千百工程"实施方案，推进社区养老服务市场化运营，提升社区居家养老服务质量，让老年人体会到"养老就在身边"的便捷感和获得感，不断完善养老服务政策体系；通过加大各级财政投入和鼓励社会资本投入等方式，加快推进养老服务设施建设，大力提升养老服务能力。全市 1000 个社区养老服务中心（站）建成投用，区县社会福利中心、乡镇敬老院和社区居家养老服务信息平台实现全覆盖，养老服务能力稳步提升；实施养老院服务质量建设专项行动，对 1084 家养老机构进行整改，关

 **案例**

重庆市社区养老服务"千百工程"
——渝中区上清寺街道社区养老服务中心

社区致力于将养老服务与居家养老服务、机构养老服务联动起来，让社区养老服务设施成为一个"小型服务综合体"。社区中心总面积 1810 平方米，设有床位 65 张。一扇扇门上，"白象街""棉花街""厚慈街"……浓缩着老重庆记忆的门牌，让人仿佛走过老重庆的街巷。中心负责人曾吉果介绍，他们特地以渝中区的老街巷名作为门牌，就是为了让老人们有种回家的亲切感。目前，中心主要提供 3 种服务：24 小时托老服务、日间照料服务、居家入户服务。除了服务入住的老人，中心还将辐射辖区 150 米半径的老年居民，提供送餐、助浴、康复、娱乐等养老服务；同时，面向周边老人提供入户健康咨询、康复理疗、上门照护类服务，真正实现食、住、娱、医、养、护一站式养老服务。

（资料来源：《让老人在家门口开启全新晚年生活》；

作者：周小平）

停不合格养老机构 64 所，养老行业运行逐步规范；重庆市建成国家养老综合改革试点区 2 个，国家医养结合试点区县 3 个，国家级居家和社区养老试点改革区 3 个，国家级示范养老机构 2 家，全国健康智慧养老企业 2 家，健康养老产业聚集区 3 个，医养结合示范机构 5 家，养老服务产业发展初显成效。全面落实困难残疾人生活补贴和重度残疾人护理补贴制度，残疾人福利不断拓展；不断提升孤残儿童供养水平、健全困境儿童保障工作体系、全面落实农村留守儿童关爱保护政策，确保儿童福利服务不断加强。

第五，医疗卫生水平不断提高。人民健康是民族昌盛和国家富强的重要标志。要把人民健康放在优先发展的战略地位，实施健康中国战略。以普及健康生活、优化健康服务、完善健康保障、建设健康环境、发展健康产业为重点，加快推进健康中国建设，努力全方位、全周期保障人民健康，为实现"两个一百年"奋斗目标、实现中华民族伟大复兴的中国梦打下坚实健康基础。为贯彻落实习总书记关于人民健康的发展战略，重庆市政府从健康状况、公共卫生、医疗保障、卫生资源、医疗服务、人口计划生育六个层面全面提升城乡居民的健康水平。2017 年，全市人均预期寿命已增加到 77.3 岁，婴儿死亡率下降为 4.36‰，孕产妇死亡率下降为 14.97/10 万。每千人口医疗机构床位数 5.87 张；每千人口执业（助理）医师数 2.23 人，每千人口注册护士数 2.76 人。人均基本公共卫生服务经费标准 50 元，规范化健康电子档案建档率 86.2%。

表 4-5 "十三五"卫生计生发展规划核心指标完成情况

指标	2015年	2016年	2017年
人口平均预期寿命(岁)	76.7	77	77.3
孕产妇死亡率(1/10万)	15.3	13.1	14.97
婴儿死亡率(‰)	6.9	4.3	4.36
人均基本公共卫生服务经费标准(元)	40	45	50
规范化健康电子档案建档率(%)	86	82.4	86.2
每千人拥有执业(助理)医师数(人)	2.02	2.12	2.23
每千人拥有注册护士数(人)	2.32	2.54	2.76
每千人医疗机构床位数(张)	5.86	5.57	5.87

　　基本医疗卫生要求得到落实。一是坚持预防为主，着力提升群众健康水平，实施健康促进十大行动；二是加大重大疾病防控力度，编制结核病、慢性病防治等 5 个"十三五"专项规划；三是扎实开展城乡环境综合整治行动，"十三五"期间，新增国家卫生区 6 个、卫生县 6 个，国家卫生区县总数达到 27 个，22 个乡镇成为"国家卫生县城（乡镇）"，农村改厕 25 万户；四是完成基层医疗卫生机构标准化建设项目，打造 30 分钟基层医疗服务圈，基层医疗卫生机构标准化建设率达 100%；五是全面加强妇幼健康和计划生育服务管理，降低孕产妇、婴儿死亡率。

　　稳步推进医药卫生体制改革。一是公立医院改革全面实施。2017 年 9 月 9 日，全市所有公立医院全面推开公立医院综合改革、全部取消药品加成，结束 60 多年"以药补医"历史，同步调整 439 项医疗服务价格，配套医保报销、财政分类补助等政策，充分发挥了医保在改革中的重要基础性作用，减轻群众就医负担。二是分级诊疗制度初步建立。共建成各类医联体 185 个，所有区县均建立了区县域内医共体，区县域内就诊率达 90% 以上。三是药品供应保障制度逐步健全。实现基本药物制度全覆盖，全面实施药品采购"两票制"，推进集中带量采购。四是全民医疗保障制度更加完善。城乡居民医保政府年人均补助标准提高到 450 元，城乡医保覆盖率达 95% 以上，纳入全国医保跨省联网结算平台首批试点省市。调整大病保险政策，完善医疗救助体系，改革医保支付方式。五是综合监管制度全面推行。健全市县乡三级卫生监督执法网络，全市监督覆盖率 99.83%。

医疗卫生服务体系日趋完善。一是区域资源配置不断优化，城乡优质资源更加均衡。二是医疗质量和服务持续改进。全面落实 18 项核心医疗制度，开展临床路径管理。三是健康扶贫工作成效显著。构建基本医保、大病保险等"七道保障线"，大病集中救治进度达 99%、慢病签约服务管理占需救治人数 97.6%、全市重病兜底保障占需保障的 97.3%。开展 18 个深度贫困乡镇健康扶贫工作，使得因病致贫返贫家庭比 2014 年建档立卡时减少75.7%。四是医养结合工作深入推进。构建整合型医养结合服务体系，支持养老机构设置医疗机构，强化医疗机构为老服务能力建设。

食品药品安全监管加强。一是食品药品监管体制机制不断创新。通过在镇乡（街道）成立基层监管所，在村（社区）聘任协管员，形成市、区县、镇乡（街道）三级监管体系，基本实现网格化监管全面覆盖，明确监管对象、落实监管责任，实现由模糊监管向精准监管模式转变。二是食品药品安全风险管控体系逐步完善。以大数据为支撑，启动建立全市食品药品风险管控平台，初步构建以风险管理为核心的预防性管理模式。三是推进食品安全城市建设。通过加大经费投入、组织开展培训、集中整治等方式，确保消费安全，推进食品安全城市建设。四是国家农产品质量安全县创建稳步向前。同步推进"绿地行动""田园行动"等专项工作，治理污染土壤 42.5 万立方米，完成 500 余家规模化畜禽养殖场整治；在全国首批 107 个国家农产品质量安全县创建试点县市中，我市荣昌、潼南、垫江 3 个区县获得农业部命名。

第六，居住条件大幅提升。构建多主体供应、多渠道保障、租购并举的住房制度，规范发展房地产市场，保障住有所居。2017 年重庆市政府出台了一系列的住房限售、土地及预售限价、三无人员征收房产税、商业贷款及公积金贷款收紧等调控政策，增加对房地产市场调控力度，遏制房地产炒作现象。深入贯彻习总书记关于"房子是用来住的、不是用来炒的"思想。

基本住房保障方面，以公租房为核心的住房保障制度趋于完善。重庆大力实施以公租房为核心的保障性住房建设和以城市棚户区为主的各类棚户区改造，促使全市住房保障水平逐年提高，广大中低收入家庭的住房条件明显改善。截至 2018 年 6 月底，通过实施城镇保障性安居工程，全市累计保障 160.72 万户，其中公租房 57.21 万户（实物配租房源 44.46 万套，累计保障 56.02 万户，租赁补贴在保 1.19 万户），经济适用住房（含农转非安置房）45.65 万户，各类棚户区改造 57.86 万户。城镇常住人口住房保障覆盖率达 21.77%。

围绕脱贫攻坚实现"贫困群众住房安全有保障"目标要求，重庆市政府以国家级贫困区县、连片特困地区、整村脱贫村农村危房改造为重点，加大了农村危房改造力度。截至 2018 年 9 月底，全市农村危房改造开工 4.05 万户、面积 345 万方以上，竣工 3.09 万户、面积 260 万方以上。

第七，环境问题得到改善。全面落实中央生态环境保护部署和国家大气、水、土壤污染防治要求，坚决打好污染防治攻坚战。自"十三五"以来，重庆市污染防治攻坚战成效显著，人民居住环境得到了极大改善。居民用水安全得到保障。按照《中华人民共和国地表水环境质量标准》，依据地表水水域环境功能和保护目标，我国水质按功能高低依次分为五类，其中，Ⅰ类和Ⅱ类水质良好，地表水经简易净化处理（如过滤）、消毒后即可供集中式生活饮用。通过分析发现"十三五"以来，重庆市Ⅰ、Ⅱ类水占比遥遥领先长江经济带地区，尤其 2017 年重庆市Ⅰ、Ⅱ类水占比达到 100%，而上海、江苏、浙江、安徽、江西、湖南、湖北、四川、云南、贵州的Ⅰ、Ⅱ类水占比分别为 5.88%、51.87%、34.56%、34.47%、57.06%、78.31%、94.12%、92.94%、

54.58%、97.06%。这表明重庆市水污染治理成效显著，居民用水安全得到了保障。

城市空气质量明显改善。重庆市积极推进大气污染防治攻坚战，2015年以来，大气污染程度减缓趋势明显，空气优良天数呈明显上升趋势，较主要发达城市空气质量优势初显，空气质量明显高于广州、上海、北京等发达城市；民众高度肯定污染防治相关工作。水污染、噪音污染的防治工作都取得了显著成效，提升了民众的获得感。

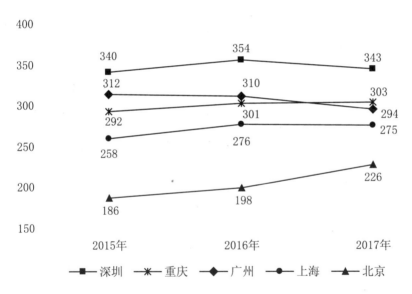

图4-14　2015—2017年重庆及主要发达城市空气优良天数变化情况

第八，精神文化日趋丰富。建设社会主义文化强国，必须把满足人民群众日益增长的精神文化需求作为社会主义文化建设的根本目的。近年来，重庆市人民群众的精神文化日趋丰富，主要表现为：

文化事业加快发展。一是创作生产出一大批文化精品。推出歌剧《辛夷公主》、京剧《大梦长歌》等 10 台文艺精品舞台艺术作品；策划出版《重庆大轰炸》《中华大典·天文典》《域外汉籍珍本文库》《抗战大后方历史文化丛书》等书报刊音像电子出版物；广播影视作品创新创优推动有力。二是初步完成立体融合的现代传播体系打造。实施媒体融合发展行动计划，以大数据、人工智能、智能语音、智能算法为核心技术，形成全市宣传大数据云平台；出版印刷发行全流程转型不断树立典型；广播影视全体系推进数字化。三是巴渝文化保护传承体系逐步完善。

文化管理体制和法规日益完善。一是文化管理体制不断优化。出台《国有资产交易监督管理办法》《负责人履职待遇、业务支出管理办法》等 11 项规章制度，投资审批、产权管理、财务审计等监管工作更规范。二是文化法规体系持续完善。截至目前，全市文化地方立法增加至 10 件。三是文化经济政策不断完善落实。制定了一系列政策文件，构建起较为完善的政策保障体系。四是加强文化市场综合执法改革。38 个区县均成立文化市场管理工作领导小组及其办公室，对文化馆图书馆总分馆制进行督察。

文化娱乐消费相对旺盛。市民观影热情排名全国第七。近年来重庆积极布局包括重庆马戏城在内的大型公共文化场馆，持续打磨文化演出精品，活跃文化娱乐市场，丰富市民精神文化生活，促进文化娱乐消费。

电影票房数据显示，2017 年 8 月—2018 年 6 月期间，重庆市民贡献票房 12.93 亿元，观影人次达到 4066.36 万人。尽管重庆票房及观影人次数据在全国 25 省市区中分别排名第 15 名、16 名，但相对常住人口数而言，重庆电影消费水平处于较高水平：2017 年重庆常住人口平均观影次数达到 1.3223，排名全国第七、西部地区第一。

（三）重庆如何实现高品质生活

为创造高品质生活，重庆市突出抓好乡村振兴和城市提升两个基本面，以满足人民群众更好的教育、更稳定的工作、更满意的收入、更可靠的社会保障、更高水平的医疗卫生服务、更舒适的居住条件、更优美的环境、更丰富的精神文化生活的需求为导向，切实解决城乡居民最关心最直接最现实的利益问题，让城乡居民有更多获得感、幸福感、安全感。

1. 实施乡村振兴战略行动计划

实施乡村振兴战略是努力创造高品质生活的必然选择。农业强不强、农村美不美、农民富不富，关乎全体农民的获得感、幸福感、安全感，关乎全面建成小康社会全局。重庆市及时制定实施《重庆市实施乡村振兴战略行动计划》和《重庆市实施乡村振兴战略规划（2018—2022 年）》，建立健全城乡融合发展体制机制和政策体系，统筹推进农村经济建设、政治建设、文化建设、社会建设、生态文明建设和党的建设，重点打好脱贫攻坚、调整农业产业结构、改善农村人居环境、完善农村基础设施和公共服务"四场硬仗",加快推进乡村治理体系和治理能力现代化,加快推进农业农村现代化,走中国特色社会主义乡村振兴道路,让农业成为有奔头的产业,让农民成为有吸引力的职业,让农村成为安居乐业的美丽家园。

(1)优化城乡空间,构建乡村振兴新格局。按照主体功能定位,统筹推进城乡空间的开发、保护和整治,引导和调控城乡融合发展,合理确定农村新型社区和乡村建设模式、数量、布局和建设用地规模,形成分工明确、梯度有序、开放互通的城乡空间结构体系。坚持人口与资源环境承载能力相均衡、经济社会发展与生态环境保护相统一,按照生产空间集约高效、生活空间宜居适度、生态空间山清水秀的总体要求,营造平等共享的乡村生产生活生态空间。根据不同乡村发展现状、区位条件、资源禀赋等,突出问题导向和目标导向,按照集聚提升、城郊融合、特色保护、搬迁撤并的思路,分区域、分类别、分步骤推动乡村振兴健康有序进行。

(2)坚决打好精准脱贫攻坚战,如期全面建成小康社会。围绕"不愁吃、不愁穿,义务教育、基本医疗、住房安全有保障"目标任务,完善工作机制,实施产业精准扶贫工程、就业转移扶贫工程、异地扶贫搬迁工程、生态扶贫工程、教育扶贫工程和健康扶贫工程,以绣花功夫抓好脱贫攻坚,确保2020年全面完成脱贫攻坚任务。把18个深度贫困乡镇作为脱贫攻坚的"重中之重、坚中之坚",有针对性地实施脱贫攻坚行动,确保到2020年所有深度贫困乡镇高质量脱贫。按照"脱贫不脱帮扶、脱贫不脱政策、脱贫不脱项目"要求，探索统筹城乡扶贫开发体制机制，完善稳定脱贫长效机制。坚持精准扶贫和防止返贫有机结合，持续开展"回头看""回头帮"，严格脱贫对象认定、退出和痕迹管理，建立完善跟踪监测、动态管理和分类施策机制，确保贫困现象不反弹、脱贫群众不返贫。

（3）加快农业现代化步伐，推动乡村产业振兴。深入实施藏粮于地、藏粮于技战略，大力加强农业基础设施建设，强化农业科技支撑，改善技术装备条件，到 2022 年全市农业科技贡献率达到 60%，农产品科技含量显著提升，实现传统农业向现代农业的跨越。因地制宜优化农业生产力布局，主城片区及周边区域围绕发展都市现代农业和休闲农业，渝西片区围绕发展城郊现代山地特色高效农业，渝东北片区合理开发大山区、大库区的独特资源重点发展现代山地特色高效农业产业链，渝东南片区突出民族地区扶贫开发和特色经济发展。统筹调整种植业生产结构，调减普通籽粒玉米、小麦、薯类等低效粮食作物，粮经作物面积比调整到 40∶60，大力发展优质蔬菜、特色水果、茶叶、中药材等特色经济作物，新增改造 200 万亩以上。聚焦农产品市场需求，在品种培育、品质提升、品牌引领上下功夫，加快形成绿色化、优质化、品牌化的农产品供给体系，提升农产品竞争力和农业综合效益。巩固和完善农村基本经营制度，积极培育以农业企业为龙头、农民合作社为纽带、家庭农场为基础的现代农业经营体系，到 2022 年各类新型农业经营主体达到 22 万个，全市专业化大户达到 15 万户，家庭农场达到 3 万户，区县级以上龙头企业达到 3500 家，农民合作社达到 4.2 万家以上，农民合作社参合率达到 60%，合作社年销售收入突破 250 亿元。围绕功能拓展、产业链延伸、产城融合、多业态复合、产城融合、新技术渗透六大模式，以市场需求为导向，以制度、技术和商业模式创新为动力，以培育多元化产业融合主体为关键，深入推进农村产业深度融合，促进农业增效。

（4）大力培育多层次人才体系，推动乡村人才振兴。充分用好乡村各类人才，加大新型职业农民培养力度，培育壮大现代高效农业人才队伍，积极培育乡村多层次人才队伍，引导鼓励青年人成为新型职业农民主力军，培养一批有生产经验的"老农"、想干事创业的"新农"、能发展创新的"智农"和有专业技能的"知农"，到 2020 年培育新型职业农民 20 万人，其中现代青年农场主 2000 人。打好"乡情牌""乡愁牌""事业牌"，增强乡村发展对人才的向心力、吸引力和凝聚力。实施乡村人才"虹吸"工程，引导外出本土人才返乡创业兴业，吸引城市各类人才投身乡村振兴事业，每年回引农村劳动力返乡就业创业 30 万人；支持企业家、党政干部、专家学者、医生教师、规划师、建筑师、律师、技能人才等，通过投资兴业、包村包项目、行医办学、捐资捐物、法律咨询等方式服务乡村振兴，深化和完善科技特派员制度，到 2022 年累计选派科技特派员 2 万名；实施新乡贤培育示范工程，建立完善新乡贤吸纳机制，引导城市党员干部、知识分子、商业人才、经济文化能人等群体扎根本土，发现、培养、壮大新乡贤队伍。优化农村政策环境，完善服务供给体系，建立推动各类人才"上山下乡"有效激励机制，引导各类人才资源向农村流动。

（5）繁荣发展乡村优秀文化，推动乡村文化振兴。持续推进农村精神文明建设，深入开展"做有梦想有追求的重庆人"、"梦想"系列、"时代新人"系列、"责任"系列主题活动，推进"小马工作室"等专业化政工队伍建设，提高农民综合素质，倡导文明新风，提升农村社会文明水平，奠定乡村振兴的思想道德基础。坚持"见人见物见生活"的理念，深入挖掘、继承、创新优秀传统乡土文化，依托大巴山文化、巫文化、武陵山苗家土家文化、盐丹文化等特色乡土民俗文化，着力将非物质文化遗产、民族民俗技艺与乡村农耕、农事、农活结合转化为乡村旅游体验活动，全方位展现乡村诗歌、神话、故事、传说、谣谚、山歌、舞蹈、戏曲等民间文化艺术，以现代理念、优秀文化引领乡村振兴。完善农村公共文化服务体系，到 2020 年实现乡镇（街道）、村（社区）综合文化服务中心全覆盖，增加优秀乡村文化产品和服务供给，深化文化科技卫生"三下乡"活动，每年开展"三下乡"活动 3000 场次、流动文化进基层 15 万场次、放映惠民电影 12 万场、流动文化进村服务 3.3 万场、文艺进基层活动 1000 场以上，为广大农民提供高质量的精神营养。

（6）加快建设山清水秀美丽之地，推动乡村生态振兴。加快推进农村人居环境整治，整治非正规垃圾堆放点，实施农村户厕改造148万户，完成400座集中污水处理设施技术改造，动态消除农村危房和有序推进45万户旧房整治，安装路灯或庭院灯46万户盏，提升农村人居环境水平，建设宜居宜游美丽乡村。大力实施乡村国土绿化、水土流失治理等生态保护与修复重大工程，夯实绿色本底，促进乡村生产生活环境稳步改善，自然生态系统功能和稳定性持续提升，筑牢长江上游重要生态屏障，到2022年，全市森林覆盖率达到55%左右。以生态环境友好和资源永续利用为导向，推动形成绿色生产方式，提高农业可持续发展能力，确保到2022年全市耕地保有量不少于2859万亩，耕地基础地理平均提升0.1—0.3个等级以上。依托重点生态功能区开展生态补偿示范区建设，开展流域横向生态补偿机制，推进武陵山生态补偿试点，探索开展三峡库区、主城区次级河流、缙云山国家级自然保护区生态补偿试点，盘活自然资源资产，提高自然资源的科学利用水平，推动城乡自然资本加快增值，提高生态保护与修复综合效益，到2022年，累计盘活利用集体林地750万亩，开展非国有林赎5000亩，林权抵押融资累计达到280亿元。

（7）健全现代乡村治理体系，推动乡村组织振兴。以提升组织力为重点，突出政治功能，发挥农村基层党组织战斗堡垒作用，加强农村基层党组织建设，为乡村振兴提供坚强的政治保证和组织保证。坚持自治为基、法治为本、德治为先，健全和创新村党组织领导的充满活力的村民自治机制，强化法律权威地位，以德治滋养法治、涵养自治，让德治贯穿乡村治理全过程。科学设置乡镇机构，构建简约高效的基层管理体制，健全农村基层服务体系，夯实乡村治理基础。

（8）持续保障和改善农村民生，努力提升农民获得感。继续把基础设施建设重点放在农村，持续加大投入力度，加快交通物流、水利、能源、信息等重大工程建设，补齐农村基础设施短板。到 2022 年，使全市 30 户以上（或 100 人）村民小组通达率达 100%，村民小组通畅率达到 80%；建设水库 124 座，其中续建 19 座，新建 105 座；新建改造农村电网线路 1.25 万公里，特色小城镇天然气覆盖率达 100%；移动宽带用户普及率达到 101%，固定宽带家庭普及率达到 95%。公共教育、医疗卫生、社会保障等资源继续向农村倾斜，逐步建立健全全民覆盖、普惠共享、城乡一体基本公共服务体系，加快推进城乡基本公共服务均等化。到 2022 年，农村学前三年毛入园率达到 85%，在园幼儿普惠率达到 83%，义务教育入学率达到 99.9%，九年义务教育巩固率达到 95%，义务教育学校校舍建设标准化达标覆盖率达到 88%；基层医疗卫生机构标准化率达到 100%，5% 的乡镇卫生院达到甲等水平；城乡低保标准差距缩小到 1∶0.8，城乡医疗保险参保率稳定在 95%；推进 100 所乡镇敬老院开展农村社会化养老服务，城乡养老保险参保率稳定在 95%。把促进农民增收作为发展的初心，大力拓宽农民就近就业增收空间，推动农民实现更高质量和更充分就业。积极推进"三变"改革试点，构建紧密的利益联结机制，努力增强农民持续增收能力。

（9）建立健全城乡融合发展体制机制，激发乡村振兴内生动力。以合法稳定住所和稳定就业为户口迁移基本条件，经常居住地登记户口为基本形式，建立城乡统一、以人为本、科学高效、规范有序的新型户籍制度，到 2022 年户籍人口城镇化率达到 52%，常住人口城镇化率达到 69%。坚持循序渐进、先易后难、先点后面，扎实推进大足区农村经营性建设用地入市改革试点、征地改革试点和宅基地改革试点，保障乡村振兴用地需求，2018—2020 年每年为每个乡村振兴综合试验示范区安排专项计划指标 500 亩，每个单项试验示范区安排专项计划指标 200 亩，对 14 个国家级贫困区县及 18 个深度贫困乡镇安排精准扶贫用地专项指标。积极稳妥推进农村资源变资产、资金变股金、农民变股东的"三变"改革试点，2018 年在 38 个涉农区县各选择 1 个村开展试点探索，探索农村"三变"改革重庆版实现路径。2019 年，在条件成熟的村逐步扩大试点范围，力争打造一批试点示范效应突出的改革"盆景"。2020 年，逐步让农村"三变"改革"盆景"变"风景"，全面激活农业农村改革发展内生动力。力争实现农村"三变"改革试点村农业增加值年增长 10% 以上，农村集体经济年增长 10% 以上，农民人均可支配收入年增长 10% 以上。深入推进供销社、信用社、各类农民专业合作社"三社"融合发展，推动基层供销社涉农乡镇全覆盖，到 2020 年全市涉农乡镇改造建设基层供销社 800 个，覆盖率达到 100%，培育基层供销社示范社 260 个，允许各级财政安排的供销合作组织发展资金作为股本与村集体、农户共同组建农村股份合作社和农村综合服务社，开展农民专业合作社小额贷款累计 40 亿元。

2. 实施城市提升行动计划

2018 年 11 月重庆市出台实施《重庆市城市提升行动计划》，明确了涉及城市规划、建设、管理、交通、基础设施、生态、人文、公共服务、创新 9 个方面的主要任务，全面提升城市经济品质、人文品质、生态品质、生活品质，增强市民获得感、幸福感、安全感，努力实现"城市，让生活更美好"，力争在本世纪中叶全面建成国际化、绿色化、智能化、人文化的现代城市。

（1）提升城市规划水平，科学引领城市发展。重庆新总体规划要突出生态、人文、智慧、开放的时代主题，在主城以广阳岛集中展示生态文明，以渝中半岛集中展示历史人文，以礼嘉半岛集中展示智能创新，在中欧班列（重庆）起点站建设内陆开放高地展示中心集中展示内陆开放，依托大学城谋划重庆科学城引领科技创新，以乡村振兴和城市提升两大工作面促进城乡融合发展。要优化市域城镇体系和城乡空间布局，构筑重庆大都市区网络城市群、三峡库区网络城镇群和武陵山区网络城镇群，共同形成重庆市网络城市群总体格局，其中，大都市区网络城市群要强化与广安、遂宁、内江、泸州、遵义等周边城市的密切联系，加速人口集聚与城镇化发展。同时，坚持生态优先、绿色发展，依托区域走廊建设串珠式的三峡库区网络城市群和武陵山区网络城市群，增强内生动力，强化与达州、恩施、湘西、黔北地区的协作。

（2）提升城市建设水平，突出立体城市特色。提升重庆城市建设水平和建设标准，突出国际化、绿色化、智能化、人文化，完善标准导则体系，体现直辖市水平。重要通道、管网等应按远景需求确定标准等级，一次性实施到位或者预控到位；大力发展装配式建筑，推广超低能耗建筑；将建筑屋顶作为城市"第五立面"精心打造，进一步提升屋顶设计与城市环境、城市文脉、建筑美学的契合度；推动重要建筑、跨江桥梁建筑设计出精品。此外，将开展重庆城市建设施工现场形象品质提升三年行动，外塑施工形象，内塑施工品质；推进建筑产业化，改变传统建造方式，提升建设施工绿色低碳水平；通过开展智能城市建设，全面打造"智慧工地"，提升文明施工智能化管理水平。

（3）提升城市管理水平，推进共建共治共享。主城各区将联动开展交通秩序、违法建筑、城市安全、社会治安、市政设施、城市家具、广告店招、街面秩序、城市绿化、空间立面、空气质量、水域质量、不文明行为等专项治理，推动城市综合管理全覆盖。力争到2022年，主城区市政设施设备完好率达到98%，城市道路沥青化率达到100%，道路亮灯率达到99%；主城区城市生活垃圾集中无害化处理率达到100%，城市生活污水集中处理率达到99%；主城区重点区域重要市政公用设施智能感知和监管实现全覆盖，市政公用设施安全隐患整治率达到100%；主城区建成区绿化覆盖率达到45%。持续开展城市增花添彩、增绿添园等行动，让广大市民享受到"推窗见绿、出门见景，四季见花"的美景；提升城市智能化管理水平，实现城市管理感知、分析、服务、指挥、监察"五位一体"；鼓励社会资本参与市政基础设施项目建设，加强社会信用体系建设，在城市综合管理领域实行守信联合激励和失信联合惩戒。

（4）提升城市交通水平，完善综合交通体系。加快推进成渝中线、兰渝、渝西、渝湘、渝昆等高速铁路前期工作，待形成"米"字形高速铁路网络后，实现1小时到达成都，3小时到达西安、武汉、长沙，6小时到达北京、上海、广州。同时，构建完

提升城市交通水平，完善综合交通体系

善"5+5"对外综合运输大通道，到2022年，基本形成"功能完善、能力充分"的综合交通运输网络。到2022年，全市高速公路里程将达到4000公里，全面完成县县通高速目标。届时，主城区与渝东北、渝东南片区之间有2条高速公路连通；渝东北、渝东南片区之间有2条高速公路连通；渝西地区各相邻区之间实现高速公路1小时内直达。到2022年，全市运营及在建的轨道交通里程规模将实现"850+"，其中运营里程达到521公里，在建规模达到11条、共372公里以上。到2020年，全市规划建设公交优先道210公里，并结合优先道运行情况逐年增加优先道里程，新增和优化公交线路200条以上，主城区建成区将实现公交站点500米全覆盖。

（5）提升基础设施水平，保障城市健康发展。预计到2020年，重庆市将建成水库124座，基本形成与经济社会发展相适应的城乡供水水源保障体系；进一步打通海路、陆路信息交换大通道，提升区间信息流动集疏功能和信息集散处理功能，预计到2020年基本建成国家通信信息枢纽。将重庆市建成"光网重庆"，光纤到户端口数达到1800万个；构建高速移动通信网络，实现4G网络深度覆盖，基本建成全市移动物联网；在开展5G试点应用中，建设5G基站1000个。强化与周边互联互通的能源战略通道，优化城乡能源配送网络。构建"两横三纵"输变电主网，建设"四环二射"天然气市域输气干网，大力实施电力消费替代，优化和改善能源消费结构，主城区基本建成无燃煤区。健全城市安全风险管控和隐患排查治理机制，构建系统性、现代化的城市安全保障体系；推进人民防空设施与城市基础设施紧密结合和军民兼用，实施地下轨道交通、交通隧道、人行过街通道、停车场等公共设施地下空间结合人民防空工程连片建设。

（6）提升山城江城魅力，保护自然山水资源。按照国际一流滨水岸线标准，通过优化"两江四岸"城市功能、修复"两江四岸"生态系统、丰富"两江四岸"公共空间、提升"两江四岸"滨江颜值、着力展现最美"桥都"风采，系统开展"两江四岸"整治提升，将"两江四岸"打造成为"山清水秀生态带、立体城市景观带、人文荟萃风貌带、便捷共享游憩带"。全面提升城市夜景灯饰艺术效果，根据不同季节、不同天气、不同时段选择不同灯光模式，整体营造山水人文交融、美轮美奂的山城夜景。在整治"两江"基础上，全面推进主城区次级河流全流域治理，深入实施水污染防治工作，着力整治黑臭水体，高水平建设海绵城市，高标准打造城市清水系统和生态绿岸。到2020年，建成7条约160公里"清水绿岸"，约166平方公里次级河流流域面积达到海绵城市指标要求，主城区基本消除水体黑臭现象。

（7）提升城市人文品质，传承巴渝优秀文化。把历史文化元素融入城市街区、植入景区景点，促进产城景有机融合，提升城市人文内涵。把磁器口历史文化街区和歌乐山烈士陵园作为一个整体进行规划提升。做好磁器口历史文化街区品质提质工作，推进实施红岩革命文物保护传承工程。加快推进合川钓鱼城、涪陵白鹤梁题刻申遗工作，扩大重要历史文化资源价值传承；有序推进完成十八梯、湖广会馆及东水门、龙门浩、金刚碑等一批传统风貌区保护修缮工作；开展传统街巷等重庆特色城市空间的研究与保护。丰富慢行系统"毛细血管"，打造"山城步道"特色品牌。到 2022 年，主城各区山城步道串联成网，叫响"山城步道"城市品牌。以 A 级景区和市级以上旅游度假区为主体，开展智慧景区（旅游度假区）建设示范试点，实现游前、游中、游后全过程智慧化旅游服务。

（8）提升城市公共服务，优化城市功能布局。加快建设多层级、全覆盖、人性化的基本公共服务网络，让老百姓步行 20 分钟内即可享受街道层面公共服务；步行 10 分钟内即可享受社区层面公共服务。按照"300 米见绿、500 米入园"的要求建成一批百姓身边的活动场所，基本实现市民居住、就业、上学、就医、健身、休闲、游憩等日常活动就近完成。在推进城市修补和有机更新上，综合采用"微更新"、零星改造、综合整治等方式，解决老城区环境品质下降、空间秩序混乱等问题，促进城市品质提升。按照"一园一策""一厂一策"的方式推进朝天门市场、南坪老经开区等一批老旧独立功能区的有机更新。实施老旧小区改造提升示范工作，2020 年基本完成主城区老旧小区改造提升。大力实施 2018—2020 年棚改攻坚计划，高质量完成 17.3 万户棚户区改造任务，力争到 2020 年完成现有棚户区改造，有效改善住房困难群众的居住条件，提升城市整体形象。

（9）提升城市创新能力，增强城市经济活力。依托大学城规划建设科学城，并以科学城为智核，以发展智能产业为主导，联动九龙坡、北碚、江津和璧山，形成西部"智能谷"，联动两江新区、国家自主创新示范区构建重庆创新版图，打造创新资源集聚地。建设市区（县）两级人才"一站式"服务平台，着力打造品牌化、专业化科技企业孵化器和众创空间，加快科技型企业的成长，大力培育独角兽企业。与此同时，推进科技金融支撑服务，提升种子、天使、风险等创投基金规模，鼓励银行等金融机构加大创新创业支持力度，扩大知识价值信用贷款改革试点范围，加快建设西部科技金融路演中心，打造西部创投高地。

后　记

本书由中共重庆市委宣传部组织编写，张鸣同志总体策划并全程指导。李敬同志拟定全书编写提纲。各部分完成人员分别为：许岩（第一章）；杨立卓、肖伶俐、邹圆、孙衔华（第二章）；邓靖、林黎、马云辉（第三章）；李然、刘洋、雷俐、成肖（第四章）。全书由李然统稿。书中插图由黄剑武绘制。

由于编者水平有限，书中难免错漏之处，恳请读者批评指正。

编　者
2019 年 1 月